왜 책을 쓰는가?

직장인에서 베스트셀러 작가로, 책쓰기 코치로 인생역전 책쓰기 특강

왜 책을 쓰는가?

초판 1쇄 인쇄 2019년 2월 10일
초판 1쇄 발행 2019년 2월 20일

지은이 김병완
펴낸이 홍성수
펴낸곳 (주)새로운 제안

책임편집 오경희
디자인 유문형
마케팅 문성빈, 황미경

등록 2005년 12월 22일 제2-4305호
주소 (07285) 서울특별시 영등포구 선유로3길 10 하우스디비즈 708호
전화 02-2238-9740 팩스 02-2238-9743
홈페이지 www.jean.co.kr e-mail webmaster@jean.co.kr

인쇄 예림인쇄 제책 바다제책

ISBN 978-89-5533-564-4 (03190)
ISBN 978-89-5533-565-1 (05190) 전자책

이 도서의 국립중앙도서관 출판예정도서목록(CIP)은 서지정보유통지원시스템 홈페이지(http://seoji.nl.go.kr)와
국가자료공동목록시스템(http://www.nl.go.kr/kolisnet)에서 이용하실 수 있습니다.
(CIP제어번호 : CIP2019003338)

직장인에서 베스트셀러 작가로,
책쓰기 코치로 인생역전 책쓰기 특강

김병완 지음

새로운제안

전문가가 책을 쓰는 것이 아니다.
책을 쓰면 전문가가 되는 것이다.

성공한 사람이 책을 쓰는 것이 아니다.
책을 쓰면 성공한 사람이 되는 것이다.

똑똑한 사람이 책을 쓰는 것이 아니다.
책을 쓰면 똑똑한 사람이 되는 것이다.

- 『김병완의 책쓰기 혁명』 중에서 -

독서만큼 흔해 빠진
책쓰기의 시대

⋯⋯⋯⋯⋯⋯⋯⋯⋯⋯⋯⋯⋯⋯⋯⋯⋯⋯⋯⋯

나는 책쓰기로 '인생역전'에 성공한 사람이다. '책 한 권이 내 인생을 바꿨다'거나 '책으로 새로운 세상을 만났다' 같은 말을 약간 과장해서 표현하는 것이라고 생각할지 모르지만, 그렇지 않다. 말 그대로 내 인생이 책쓰기로 뒤집어졌다.

그렇다고 내가 원래부터 책과 인연이 깊은 사람이냐 하면 절대 그렇지 않다. 지금부터 약 10년 전만 해도 나는 회사 일에 치여 주말에도 잘 쉬지 못하던 10년 차 샐러리맨에 불과했다.

나는 대학에서 제어계측공학을 전공하고는 삼성전자에 입사해 11년간 휴대폰만 연구했다. 그러던 어느 날, 갑자기 회사를 그만두고 도서관에 처박혀 그동안 하지 못했던 진짜 공부를 하기 시작했다. 입시나 자격증을 위한 공부가 아닌 독서가 그것이었다. 그 후 내가 공부한 것들에 대해 부족하지만 나누고 싶어서 책을 쓰기 시작했다. 그렇게 책읽기와 책쓰기에 내 운명을 맡기자 어느덧 베스트셀러 작가, 책쓰기 코치, 자기계발 강사라는 꼬리표가 붙게 되었고, 지금 선물과도 같은 제2의 인생을 살고 있다.

이런 변화가 아직도 내겐 얼떨떨하다. 하지만 부인할 수 없는 사실이다. 그런 내 경험이 독자 여러분의 인생에 조금이라도 보탬이 되길 바라며 이제부터 그 기막힌 이야기를 들려주고자 한다.

사실 나는 책과는 거리가 먼, 시쳇말로 '공돌이'였다. 공돌이로서 삼성전자는 자타가 인정하는 최고의 직장이었다. 그런 잘나가던 직장을 특별한 명분도 없이 하루아침에 뛰쳐나와 도서관으로 매일 출퇴근했다. 그렇게 3년간 1만 권을 탐독했고, 그 후 3년간 60권을 출간했다. 그러는 동안 내 삶은 드라마틱하게 변화되어, 지금 나는 직장생활 때보다 훨씬 풍요롭고 자유로우며 만족스러운 하루하루를 보내고 있다. 그 변화의 내용은 일일이 설명하기도 입이 아플 정도다.

몇몇 책이 베스트셀러가 되면서 강연회다, 방송국이다, 하며 나를 불러주는 곳이 많아졌다. 몇몇 독자들의 요청에 주먹구구식으로 책쓰기 과외를 했다. 그것도 감당할 수 없는 수준으로 불어나 최근에는 강남에 책쓰기 학교를 오픈했다. 지금까지 내가 배출한 작가가

200명가량이다. 책과는 아무 인연이 없던 내가 이제는 그야말로 책 읽기, 책쓰기 전도사가 되었다. 이제 나는 어디에서나, 누구에게나 "매일 책쓰기를 하세요. 그럼 인생이 바뀝니다"라고 말한다.

인생에 한두 권쯤 저서를 남기겠다는 버킷리스트가 한때 유행이었는데, 나는 그런 이야기를 하는 것이 아니다. 한두 권이 아니라, 쉼 없이 책을 쓰라는 이야기다. 매일 10분이라도 좋으니 책쓰기를 습관화하라는 것이다.

독서가 선비와 지식인들의 전유물이던 시대가 있었던 것처럼 책쓰기도 특권층만의 전유물이던 시대가 있었다. 그러나 지금은 아니다. 지금은 누구나 책을 쓸 수 있다. 말하자면, '작가 평준화 시대'다. 남녀노소, 학력, 직업 불문하고 누구나 작가가 될 수 있다. 남들도 다 하는 책쓰기를 당신만 하지 않는다면, 그것은 손해다.

이제는 책 좀 읽었다고 인생이 바뀌는 일은 잘 없다. 그러나 책쓰기는 정말 인생을 바꾼다. 매일 하루 10분 책쓰기를 실천해보면, 독자 여러분도 내가 무슨 이야기를 하는지 알 것이다. 책쓰기는 우리 인생 가운데 매일 습관처럼 해야 할 일이다. 책읽기보다 더 강력한 것이 책쓰기임을 많은 사람이 경험하기를 바란다.

책쓰기의 강력한 위력을 경험하고 나니 내 인생이 뒤집어진 것 외에도, 늘 새로운 에너지와 열정이 나를 휘감는 것을 느낀다. 그 열정은 나를 새벽 4시까지 연장 수업을 해도 지치지 않고 오히려 신이 나게 한다. 책쓰기의 위력을 세상에 전하는 것이 내 사명이라고 생각한다. 이 책도 그런 사명감 때문에 쓴 것이다.

책쓰기로 새 인생을 사는 나 자신을 보면서도 가끔씩 놀라지만, 책쓰기 수업을 하면서도 연일 놀라운 일들을 경험하고 있다. 수강생들의 직업은 각양각색이다. 대학교수, 의사, 변호사, 공인중개사, 학생, 주부, 식당 사장님 등등 이루 헤아릴 수 없다. 평범한 아주머니, 아저씨가 책을 내고 베스트셀러 작가가 되기도 한다. 책쓰기로 인생 역전한 사람들이 한둘이 아니다.

그래서 요즘 널린 것이 작가다. 읽히지 않는 책들이 쏟아지고 있고, 간신히 작가 이름에 올려 자신의 출세와 성공에 이용하려는 얄은 수가 난무하고 있다. 작가 평준화 시대의 어두운 그늘이다.

나는 책쓰기를 가르치고 전파하는 일을 사명으로 여기는 사람으로서 이런 어둠에 대해 한편으로는 막중한 책임감을 느낀다. 그래서 더더욱 이런 책이 필요하다고 생각한다. 책쓰기에도 지켜야 할 예의가 있고 순서와 방법이 있다.

책쓰기는 성공과 출세를 위해 이용되어서는 안 될 성역聖域이다. 부디 그렇게 되기를 바란다. 책쓰기를 하면 자연스레 성공과 출세가 따라올 수는 있지만, 처음부터 그것을 노려서는 안 된다. 독자들은 바보가 아니다. 아무리 포장해도 작가의 허영심과 과시욕을 놓치지 않는다. 독자는 그런 책과 작가를 외면한다. 한번 외면당한 작가는 다시 책을 내기가 어려워진다. 독자도 그런 작가들 때문에 마음의 문을 닫고 책을 멀리한다. 저자도 독자도 공멸하는 길이다.

나는 이 책에서 우리가 지켜내야 할 '책쓰기'에 대한 예의를 뼈를 깎는 심정으로 정리했다. 내가 완벽해서도 아니고, 누군가를 비난하기 위해서도 아니다. 이 책은 평생 책쓰기에 운명을 건 나 자신에 대한 다짐이며 우리가 기억해야 할 책에 대한 예의다.

3년간 60권을 출간하고 200명의 작가들을 배출한 경험을 녹여냈다. 예비작가들에게 실질적으로 도움이 될 만한 책쓰기 비법도 정리했다. 부디 많은 독자들이 이 책을 읽고 제대로 된 책쓰기에 도전하기를 바란다.

김병완

도서관에서
꼬박 1,000일을 지내보니

나는 직장생활을 10년 이상 한 직장인이었다. 직장생활 동안의 내 인생은 일종의 정체기였다. 10년 이상을 누구보다도 더 부지런히 출근하고, 일하고, 야근하고, 출장을 가고, 프로젝트를 수행했음에도 내 인생은 10년 전보다 별반 나아지는 것이 없었다. 정말 아이러니했다.

아일랜드 작가 찰스 핸디Charles Handy가 말한 '텅 빈 레인코트*'가 남

---

* 찰스 핸디는 자본주의의 모순 속에서 혼란스럽고 고통스러운 현대인을 일컬어 텅 빈 레인코트(The Empty Raincoat)라 칭했다. 이는 그의 책 제목이기도 하다.

의 일이 아니었다. 직장생활을 할수록 뭔가 허전했고, 내 삶도 텅 비워져 가는 것만 같았다. 그런 식으로 10년을 더 할 수도 있었지만, 만약 그랬다면 20년 혹은 30년의 직장생활 뒤에는 얼마나 더 크게 후회하게 될지 상상조차 할 수 없었다.

내게 직장생활은 지겨웠던 학창 생활이 한 단계 진화한 버전에 불과했다. 달라진 것은 돈을 받는다는 것뿐이었고, 그것이 최고의 위안이었다. 10년 이상 일할 수 있었던 원동력은 어쩌면 월급이었을까? 아니면 다른 길이 없어서였을지도 모른다. 어쨌든 내 인생은 직장생활을 하기 10년 전과 후 전혀 달라지지 않았다.

쥐들의 경주에서 우승한 챔피언이라 해도 쥐는 쥐일 뿐이다. 아무리 승진을 하고 연봉이 많아져도, 나는 여전히 누군가에게 고용된 직장인이라는 사실이 내게는 팩트fact였다.

연봉을 2배 올리기 위해, 승진하기 위해 모든 노력과 에너지를 쏟아붓는다. 그러나 연봉이 2배가 되고 아무리 높이 승진을 해도 돈이 조금 많아지고 회사에서 지위가 높아지는 것 외에 인생 자체가 달라지는 것은 아니다. 삼성 같은 초일류 대기업에서 10만 명 중 한 명 나올까 말까 하는 사람이 아니라면 말이다. 나머지 대부분의 직장인은 평생 일개미처럼 살아가야 한다.

길가에 나뒹구는 나뭇잎 같은 존재, 나무가 흔들리면 언제든 떨어져야 하는 그런 존재가 직장인이다. 나는 그런 존재에서 과감히 벗어났다. 대기업 직장생활에서 도중하차해 도서관이라는 곳에 무임승차했다.

도서관에서 1,000일을 보내며 이전과 다른 세계를 경험했다. 책을 쓰는 생활은 그 덕분에 시작할 수 있었다. 3년의 책쓰기는 내 인생을 머리부터 발끝까지 송두리째 전부 다 바꾸어놓았다. 모든 것이 달라졌고 새로워졌다. 진짜 제2의 인생이 찾아왔다.

산사태가 나면 산의 모든 형태가 바뀌듯, 태풍이 한 번 지나가면 모든 것이 달라지고 바뀌듯, 책쓰기는 산사태보다, 태풍보다 더 강력한 힘을 지녔다. 난생처음 그런 힘을 느끼면서 받은 충격은 말로 다 할 수 없다.

"내가 왜 지금까지 이런 어마어마한 책쓰기를 하지 않았을까?"

책쓰기는 내게 태풍이고 산사태였다. 과거의 모든 삶이 한 순간에 송두리째 바뀌고 직장인 시절에는 상상도 할 수 없었던 삶이 펼쳐졌다. 작가라는 삶, 강사라는 삶, 그리고 1인 기업가라는 엄청난 도전과 희열이 나를 맞이했다. 직장생활을 할 때는 절대 몰랐던 또 다른 세상이었다.

그 전까지는 남들이 다 가는 한 가지 길만이 내 인생의 꽃길인 줄 알았다. 좋은 대학을 나와 좋은 회사에 취직해 열심히 일해서 인정받고 오래오래 직장에 남는 것이 최고인 줄 알았다. 그것이 가장 안정적이고 가장 성공적인 길인 줄로만 알았다.

그러나 지금 와서 생각해보면 그 길은 꽃길이 아니라 흙길이었다. 나 자신을 점점 더 회사라는 나무에 의존하는 나뭇잎이 되게 하는 길이었다. 그러던 어느 날 그 나뭇잎은 길가에 나뒹굴고 있었다. 인생은 결코 고생한 만큼 바뀌는 것이 아님을 그 순간 깨달았다.

나는 대기업에서 10년간 직장생활을 해보았고, 자유로운 영혼으로 3년간 책쓰기도 해보았다. 그래서 자신 있게 이야기할 수 있다. 다시 그때로 돌아가 둘 중 하나를 선택하라고 하면, 머뭇거림 없이 책쓰기 3년을 선택할 것이라고 말이다.

3년간 책만 쓰면 굶어 죽을 것 같은가? 그렇지 않다. 굶어 죽지 않을 뿐 아니라, 인생 자체가 바뀔 수 있다. 장담컨대 직장생활보다 훨씬 더 나은 인생을 살 것이다. 좀 더 확실한 사실은 직장생활 10년이 결코 당신의 인생을 바꿔주지 못한다는 것이다. 인생이 바뀌는 것을 확률로 따져보아도 책쓰기 3년이 직장생활 10년보다 훨씬 더 앞선다.

딱 3년만 책쓰기에 미쳐보라. 한 번뿐인 인생, 언제까지 현대판 노예로 살 것인가? 이제 자신을 위해 일하고, 자신의 회사를 만들라. 그 가장 쉬운 법이 바로 책쓰기다.

만 권의 독서보다
한 권의 책쓰기

믿기지 않겠지만, 1만 권의 독서보다 한 권이라도 책을 쓰는 것이 더 낫다. 그래야 더 빠르게 성장하고 전문가로 인정받게 된다. 내가 바로 그랬다.

사람은 유한한 존재이므로 효율이 중요하다. 남들이 10년간 공들여 성장하는 수준을 1년 만에 달성할 수 있다면 미래는 당연히 밝을 것이다. 효율을 위해서는 남들과 다른 능력과 재주가 필요하다. 평범한 사람이 가질 수 없는 것들이다. 그러나 하늘이 무너져도 솟

아날 구멍은 있다고 했다. 그 구멍이 바로 책쓰기다.

　누구나 책을 읽는 시대는 지났고 지금은 누구나 책을 쓰는 시대다. 책을 읽는 것은 기본이고 이제는 책을 써야 한다. 당신의 직업이 회계사든 의사든 변호사든 방송인이든 공인중개사든 교사든 교수든 간호사든 건축가든 수의사든 트레이너든 학원 강사든 유튜버든 개인방송 BJ든 프로그래머든 법무사든 직업 군인이든 분야를 막론하고 당신에게 가장 필요한 것은 1만 권의 책을 읽는 것이 아니라 세상에 없던 당신만의 책 한 권을 쓰는 것이다.

　한때는 책쓰기가 버킷리스트의 단골메뉴였다. 책을 많이 읽으면 성공한다고 하는 시절도 있었다. 그러나 이제는 한 발 더 나아가 책쓰기가 비즈니스와 자신의 미래를 위한 필수 아이템이 되었다.

　책쓰기에 나이나 직업은 상관이 없다. 20대 대학생, 직장인, 은퇴자, 가정주부, 심지어 무직자도 책을 쓰는 시대다. 백수가 책을 써서 인생이 달라진 경우는 수도 없이 많다.

책쓰기는
글쓰기가 아니다

많은 사람이 글쓰기와 책쓰기를 같은 것이라고 생각하지만 절대 그렇지 않다. 물과 콜라가 다른 것처럼 글쓰기와 책쓰기도 엄연히 다른 영역이다. 글쓰기를 확장하면 책쓰기가 되는 것도 아니다. 둘은 성격도 본질도 다르다.

책쓰기는 글쓰기가 아니라는 사실은 희소식일 수 있다. 왜냐하면 글쓰기에는 문장력이 80% 이상을 차지하지만, 책쓰기에는 문장력과 필력이 20% 정도밖에 차지하지 않기 때문이다. 사실 20%도후하게 쳐준 것이다. 베스트셀러 작가가 되는 데 가장 필요 없는 것이 문장력과 필력이라고 말하고 싶을 정도다.

책쓰기에 문장력과 필력의 비중이 20%든, 50%든, 70%든 중요한 것은 좋은 책을 쓰는 것이다. 좋은 책이란 많은 이에게 사랑받고 읽히는 책이다. 어떤 책이 그럴까? 문장력과 필력이 돋보이는 최고의 문장가들의 책이 많이 읽히고 사랑받을까?

그렇지 않은 것 같다. 과거로 갈수록 문장가가 득세했다. 문장가가 아니면 책을 쓸 수도 없던 시절이 있었다. 그러나 지금은 아름다운 문장만으로 독자를 끌기에는 부족한 시대다. 문장력보다는 독특한 주제, 풍성한 콘텐츠, 남다른 시각과 스토리를 지닌 독특한 책들이 많이 읽힌다. 심지어 소설가 중에는 형편없는 문장력 덕분에 인기를 누리는 작가도 있다.

책쓰기를 구성하는 핵심 요소는 문장이 아니라 아이디어이고, 주제이고, 콘텐츠다. 그런 것들이 우수하고 독창성이 남다르면 충분히 많이 읽히는 책이 될 수 있다. 물론 그런 요소들을 잘 엮는 기술은 필수로 갖춰야 한다.

최근에 많이 읽히는 책을 보면 문장이 매우 쉽고 간결하다. 문장을 잘 쓰는 것의 목표가 아름다움이 아니라 명료함으로 바뀌었다.

책쓰기는 종합예술,
작가는 콘텐츠 크리에이티브

글쓰기는 띄어쓰기와 맞춤법 등 문법과 문맥, 그리고 논리가 전부일 수 있다. 그러나 책쓰기에서 그런 것들은 부차적인 문제다. 잘해서 나쁠 것은 없지만, 굳이 신경 쓰지 않아도 되는 문제다. 작가에게는 문법과 문맥에서 도움을 주는 편집자가 있기에 그렇다. 문법과 문맥에 대해 아예 신경을 쓰지 말라는 말이 아니라, 거기에 자신감이 없어서 책쓰기에 도전조차 하지 못하는 사람이 없어야 한다는 말이다. 문장력과 필력 때문에 책쓰기를 포기할 필요는 없다.

그렇다면 작가는 무엇에 신경을 써야 할까? 그것은 바로 책의 내용과 주제다. 차별성 있는 내용과 주제라면 그 책은 충분히 성공할 수 있다. 물론 그것 외에도 작가가 신경 써야 할 것들이 더 있다. 그것은 찬찬히 이야기하도록 하겠다.

책을 쓰려면 먼저 구상과 구성을 해야 한다. 이른바 '기획'을 잘해야 한다. 기획이란 자신의 책을 설계하는 과정이다. 설계를 얼마나 잘 하느냐에 따라 좋은 책일지 아닐지가 결정된다. 설계를 하고, 콘셉트를 잡고, 제목과 부제를 뽑고, 차례를 완성하고 나서 비로소 글쓰기를 시작한다.

글쓰기는 문장을 만드는 것이지만, 책쓰기는 콘텐츠를 만드는 것이다. 글쓰기가 문장가들이 하는 일이라면, 책쓰기는 콘텐츠 크리에이티브contents creative들이 하는 일이다. 과거에는 문장가들만 책을 썼다면, 이제는 콘텐츠 크리에이티브가 더 많은 책을 쓴다.

마찬가지로 자기계발 작가라는 직업은 과거에는 없던, 이 시대에 생긴 새로운 직업이다. 게다가 아주 매력적인 직업이다. 유튜버처럼 말이다.

작가로서 받는
대우와 보상

독자들 중에는 직장인이 많을 것이다. 그러나 직장생활이 너무나 행복해서 직장생활을 하는 사람은 많지 않을 것이다. 나도 대학 졸업 후 삼성전자에서 11년 가까이 직장생활을 했지만 다르지 않았다. 대한민국 최고의 기업이라는 삼성전자에서도 그랬으니 중소기업에 다니는 직장인들은 오죽할까 싶다.

물론 꿈의 직장도 있다. 삼성전자보다 훨씬 복지가 좋고 인간적이고 급여가 높고 미래가 안정적으로 보장되는 직장 말이다. 대표적인 것이 공무원이다. 그런데 이상하다. 수많은 공무원이 우리 책쓰기 학교에 와서 책쓰기를 배운다. 그리고 한결같이 "책쓰기는 정말 가슴 뛰는 일이다. 내 인생을 재미있게 바꿔줄 것 같다"고 고백한다.

내가 직장생활을 할 때 가장 즐겁고 행복한 날은 월급날이었다. 승진할 때도 행복하고 즐거웠다. 힘들었던 프로젝트를 성공적으로 끝마칠 때는 성취감에 들떴고 가끔은 동료애로 인한 희열도 느꼈다. 그러나 그때뿐이고 그것이 전부였다.

입사하자마자 엄청난 프로젝트에 막내 팀원으로 참여해 고생고 생해서 일을 마무리한 적이 있다. 그 프로젝트가 성공적으로 끝나자 회사는 운명이 바뀌었다. 그러나 내 인생은 조금도 달라지지 않았 다. 그 후로도 내 일상은 다람쥐 쳇바퀴 돌 듯 매일 지루하게 반복되 었다.

내가 직장생활을 하면서 하는 모든 일은 회사의 발전과 성장을 위한 것이었다. 내 방향은 회사의 발전과 성장을 향해 정해졌다. 회 사는 회사의 발전과 매출 향상을 위해 직원을 뽑는 것이니 이는 당 연한 것인지도 모른다.

책쓰기는 방향 설정부터 시작해서 모든 것이 직장생활과 다르 다. 내가 책을 쓰는 이유는 회사의 발전과 성장을 위해서도, 다른 누 군가를 위해서도 아니다. 오직 나 자신의 발전과 성장을 위해 책을 쓴다. 책쓰기가 직장생활보다 내게 더 유익한 이유다.

책쓰기란 작가의 인생을 송두리째 바꾸어놓는 힘을 응축하는 행위다. 마치 빛을 한곳으로 모으는 돋보기처럼 말이다.

회사를 위해 일하면 회사로부터 월급이라는 보상을 받는다. 나 자신을 위해 책을 쓰면 내 성장과 발전이라는 보상을 받는다. 그것은 회사로부터 받는 보상에 비할 수 없이 많은 대우와 보상이며, 바로 그 보상과 대우가 직장생활과 책쓰기의 차이를 만든다.

직장인은 보상만 받지만, 작가는 보상과 함께 대우도 받는다. 직장은 당신을 대우해주지 않고, 일한 만큼 월급만 준다. 그러나 책을 쓰면 당신은 세상으로부터 작가라는 대우를 받고 존경과 찬사, 그리고 인세라는 보상을 받을 수 있다.

직장에 열심히 다녔다고 해서 세상은 당신을 '직장인님'이라고 대우해주지 않는다. 그러나 책을 열심히 쓰면 세상은 당신을 알아봐주고 '작가님'으로 대우해준다. 당신을 인정해주고 알아준다. 당신이 나름대로 잘 살았다고, 당신이 살아온 삶을 인정해주는 것이다.

책은 쓰고 싶은데
엄두가 나지 않는다면

그렇다면 어떻게 책을 쓸 것인가?

이것이 가장 큰 문제다. 단 한 번도 책을 써본 적이 없고, 책쓰기를 제대로 배워본 적도 없다면? 심지어 글쓰기 수업조차 받아본 적이 없다면? 평생을 글이나 책과는 담을 쌓고 살았다면 당신은 어떻게 할 것인가?

일단 그것은 걱정할 필요가 없다. 책을 쓰고자 하는 결단과 의지만 있다면 당신의 형편과 처지, 상황과 능력은 전혀 문제되지 않는다. 당신이 지금까지 어떤 인생을 살아왔는지도 문제되지 않는다. 오히려 문제는 앞으로 어떤 인생을 살고자 하는지에 관한 당신의 의지에 있다. 어제와 별반 다를 바 없는 내일을 살고 싶은가? 그런 사람은 여기서 그만 책을 덮어도 된다.

한 번도 책쓰기를 배워본 적 없는 이들, 책은 쓰고 싶은데 무엇부터 시작해야 할지 막막한 이들, 어떤 주제로 책을 써야 할지 모르겠다는 이들, 심지어 교도소에 한두 번 갔다 온 전과자들에게도 기회는 열려있다.

우선, 용기와 배짱을 조금만 내보라. 그리고 책쓰기에 도움이 될 책들을 참고하라. 도서관이나 서점에 가보면 책쓰기 관련 도서가 차고도 넘친다. 책쓰기에 관련된 도서를 읽기만 해도 충분히 책을 써내는 사람들이 있다. 그러나 대부분 책을 보면서 혼자 힘으로 좋은 책을 쓰기는 어렵다. 쓰는 것도 문제이지만, 쓴다 해도 성적이 좋지 않을 것이다. 자칫하면 아무도 읽지 않는 종이뭉치로 내팽개쳐질 수도 있다.

혼자서 어렵다면 책쓰기 코치를 찾아보라. 책쓰기 코치는 불과 몇십 년 전에는 존재하지 않던 새로운 직업이다. 과거에는 독학으로 책쓰기를 했다면, 이제는 책쓰기 스승에게 체계적으로 배울 수 있는 길이 열려있다. 자신보다 한 발 앞서 책을 썼던 그들의 노하우와 경험을 참고하는 것도 지혜로운 선택일 수 있다.

형편상 책쓰기 코치에게 배우는 것이 힘든 사람도 있다. 그들에게는 이 책이 훌륭한 대안이 될 것이다. 책쓰기를 처음 하는 사람에게 이 책이 좋은 지침서가 되기를 바란다.

책쓰기의 기본자세로 기억할 중요한 것은 '천천히 우직하게'이다. 하루아침에 책쓰기를 완성하고 베스트셀러 작가가 된 사람은 없다. 설사 베스트셀러 작가가 되었다 해도 책쓰기를 멈춰서는 안 된다. 책쓰기는 평생 매일 해야 하는 삶의 일부여야 한다.

누군가에게 보여주기 위한 일시적인 행위로 책쓰기를 이용하지 말라. 매일 무엇인가를 쓴다는 것이 무엇보다 중요하다는 점을 기억하라. 다시 말해, 책쓰기의 자세가 책쓰기의 방법이나 기술보다 더 중요하다는 말이다. 책쓰기의 방법과 기술보다 더 우선시되어야 하는 것은 책을 쓰는 이유와 동기, 그리고 목적이다.

책을 쓰는 가장 중요한 이유는 자신의 내적 성장이어야 함도 유념하라. 또한 책쓰기의 가장 큰 목적과 동기는 삶의 변화와 개인의 성장이어야 한다. 적어도 내게는 그렇다.

우직하게
매일 쓸 각오만 있다면

⌘

책쓰기를 시작하는 이들에게 가장 중요한 것은 무엇일까?

그것은 기개다. 절대 굴하지 않고, 멈추지 않고, 끝까지 해내는 힘이다. 절대 포기하지 않고 매일 진격하는 힘, 매일 전진하는 힘, 매일 도전하는 힘, 매일 쓰고 또 쓰는 힘이다. 그릿grit이다. 그런 기개만 있다면 당신은 훌륭한 작가가 될 수 있다.

한마디로 말하면 우공이산(愚公移山: 어리석은 일처럼 보여도 꾸준히 밀고 나가면 언젠가 산을 옮긴다)이고 수적천석(水滴穿石: 물방울이 바위를 뚫는다)이다. 쓰고 또 쓰면 된다. 중도에 멈추거나 포기하지 않는 것이 무엇보다 중요하다.

우직하게 매일 글을 쓰는 것이 왜 중요할까?

많은 이가 오늘 쓰지 않고 내일로 미룬다. "나도 책을 쓸 거야, 나중에"라고 말한다. 그러나 아무리 완벽한 계획을 세워도 매일 쓰지 않으면 책을 쓰는 힘이 떨어진다. 쓰지 않는 도끼에 녹이 스는 것처럼 말이다. 매일 쓰지 않으면 진도 나가기가 힘들고 글의 질은 떨어진다. 매일 써야 진도가 잘 나가고 글의 질이 향상된다. 필력 향상은 덤이다.

매일 책쓰기를 할 때 가장 중요한 효과는 책쓰기가 그리 힘든 일이 아님을 깨닫게 되는 것이다. 책쓰기가 힘든 일이 아니고, 오히려 즐겁고 재미있는 일임을 발견하게 된다. 이런 기쁨과 즐거움을 누린 사람만이 진정한 작가가 될 수 있고 평생 펜을 놓지 않는다.

진짜 작가는 평생 매일 책쓰기를 하는 사람이다. 적어도 내게는 그렇다. 재능이 있는 사람이 성공하는 것이 아니다. 배경과 학벌도 성공의 조건은 아니다. 우직하게 한 우물을 파는 사람이 전문가가 되고 고수가 되며 큰 성공을 거둔다.

다산 정약용 선생은 둔필승총純筆勝聰이라고 했다. 둔한 붓이 총명함을 이긴다는 이야기다. 매일 하는 것만큼 큰 재능은 없다. 우직함이 천재를 이긴다.

우직함의 대가로 대표적인 분은 다산 정약용 선생과 추사 김정희 선생이다. 다산 선생은 전남 강진에서 20년간 유배생활을 하면서 복숭아뼈에 세 번이나 구멍이 날 정도로 우직하게 공부와 책쓰기에 몰두했다. 이것이 바로 그 유명한 과골삼천踝骨三穿이라는 말이다. 추사 선생은 평생 벼루 10개에 구멍을 냈고 붓 1,000자루를 몽당붓으로 만들었다.

세상에 공짜는 없다.

1만 시간의 기적을 이루는
3년이라는 시간

 ͎͠Ҩ

　나는 앞서 3년간 책쓰기를 하라고 적극 권했는데, 여기서 3년은 근거 없는 어림짐작이 아니다. 3년은 알게 모르게 세상을 움직이는 마법의 시간이다. 그 마법을 나도 경험했다.

　일단 3은 신비하고 묘한 숫자다. 하나님도 삼위일체三位一體라고 하지 않는가? 야구에서 타자를 아웃시킬 때 스트라이크 수가 3개다. 제품의 품질이나 등급을 구분할 때도 우리는 오랫동안 상, 중, 하 3단계를 사용했다. 훈련생도 초급, 중급, 고급 3단계로 나눈다. 맹

자의 어머니도 자식 교육을 위해 세 번 이사했다孟母三遷之敎.

식사도 아침, 점심, 저녁 세 끼가 있고, 삼세번이라는 유명한 말도 있다. 축구에서는 한 명의 플레이어가 한 경기에서 3골을 넣는 것을 특별히 해트트릭hat trick이라고 부른다. 우리나라 역사에는 고구려, 백제, 신라 '삼국시대'가 있었고, 중국에도 '삼국지'라는 역사가 있었다. 민주주의 정치에서는 입법, 행정, 사법으로 구분되는 삼권三權분립이 기본이다.

조선시대는 영의정, 우의정, 좌의정 삼정승三政丞이 권력을 쥐락펴락하던 시대였다. 올림픽에서는 금, 은, 동메달까지만 메달을 준다. 돼지고기는 삼겹살이 유명하고, 대한민국 재판은 3심 제도로 되어 있다. 빛의 삼원색三原色으로 빨강, 파랑, 녹색이 있고, 국군은 육군, 공군, 해군 삼군三軍으로 되어있다.

이런 3이라는 숫자에 연수가 붙으면 그 힘은 더 어마어마해진다. 3년이라는 시간이 마법을 부린다. 서당 개도 3년이면 풍월을 읊고, 부잣집은 망해도 3년을 간다. 사람이 궁할 때는 대 끝에서도 3년을 산다. 나무를 옮겨 심으면 3년은 뿌리를 앓고, 새로 집을 지은 후 3년은 마음을 놓지 못한다. 귀머거리 3년이요 벙어리 3년이다.

3년은 일수로 환산하면 대략 1,000일이다. 1,000일을 키워드로 한 표현까지 포함하면 3년의 마법은 더욱 많아진다. 천일야화, 천일

전쟁, 천일교, 천일염 등등. 아주 좋은 술을 일컫는 말로 '일취천일'이라는 말도 있다. 한 번 취하면 1,000일간 기분 좋게 누워 있게 된다는 뜻이다.

3년과 1,000일을 키워드로 한 표현이 이토록 많은 것을 가벼이 보아서는 안 된다. 여기엔 중요한 의미가 있는데, 즉 1,000일 동안 다른 것은 하지 않고, 오직 한 가지에 집중하면 누구나 그 분야에 정통할 수 있다는 선조들의 가르침이다. 1,000일 동안 하루 10시간씩 무엇인가를 연습하고 훈련하면 1만 시간이다. 잠자고 밥 먹으면서 한 가지에 오롯이 집중할 수 있는 시간을 하루 10시간으로 볼 때, 1만 시간의 법칙의 기간은 3년에 해당한다.

3년 동안 직장생활을 하면서 매일 한두 시간을 무엇인가에 투자해도 성장을 이룰 것이다. 그렇다면 같은 3년 동안 하루 10시간 이상, 단 한 가지만 하게 된다면 얼마나 큰 성장을 이루겠는가? 말콤 글래드웰Malcolm Gladwell이 주창한 전문가가 되기 위한 '1만 시간의 법칙'의 최단 기간이 바로 3년이다.

물론 무조건 열심히 1만 시간을 훈련하고 연습한다고 해서 전문가가 되는 것은 아니다. 제대로 된 훈련 방법과 의식적인 노력이 필요하고, 즉각적이고 좋은 피드백이 뒷받침되어야 한다.

3년은 인생을 바꾸기에 충분한 기간이다. 인생을 바꾸기에 1년은 너무 짧고, 10년은 너무 길다. 책쓰기를 시작했다면 멈추지 않고 계속해야 하겠지만, 인생이 바뀌기 시작하는 것은 3년째임을 기억하라.

독서보다는
책쓰기를 우선하라

왜 하필 책쓰기인가? 왜 굳이 책쓰기인가? 부동산, 주식, 비트코인 등 좀 더 쉽고 확실한 성공의 길이 있는데 말이다. 책쓰기 말고 다른 것도 많지 않은가?

그렇다. 다른 것도 많다. 인생을 바꾸기 위해서 누군가는 MBA에 들어가거나 유학을 떠나고, 다른 누군가는 연예인이 된다. 또 다른 누군가는 의사, 변호사, 판검사가 된다. 또 다른 누군가는 강남의 건물주가 되고, 부동산 거물이 되고, 비트코인 부자가 된다.

하지만 생각해보라. 의사, 변호사, 판검사가 되면 좀 더 나은 인생을 살 수 있고 인생이 바뀔 수 있지만, 그러기 위해서는 엄청나게 까다로운 관문을 통과해야 한다. 어려운 시험에 합격해야 하고 오랫동안 수련 기간을 거쳐야 한다. 보통 사람들은 아무리 열심히 공부해도 의사 시험이나 사법고시에 합격한다는 보장이 없다. 10년 이상 어마어마한 수업료를 지불할 각오가 되어있어야 한다. 아니 그 전에 법학전문대학원이나 의학전문대학원에 합격하는 것도 결코 쉬운 일이 아니다.

가장 큰 문제는 당신의 나이다. 40대 혹은 50대인 당신이 법학전문대학원이나 의학전문대학원에 입학하려면 어마어마한 공부를 해야 한다. 시험을 친다고 해도 합격하기가 쉽지 않고, 면접에서도 불리하다. 죽을 고생을 해서 합격한다고 해도, 5년 이상 돈을 투자해야 하는 혹독한 기간을 버텨내야 한다. 한마디로, 힘들고 어렵고 불가능에 가까운 길이다. 의사, 변호사, 판검사는 누구나 갈 수 있는 길이 아니다.

연예인이 되는 데 시험은 없지만, 또 다른 문제가 있다. 바로 끼와 재능이다. 끼와 재능이 없다면 연예인이 될 수 없고, 설령 된다 해도 성공할 수 없다. 유학을 가는 것은 또 다른 문제가 있다. 돈이다. 돈이 없는 서민이 몇 년 이상 유학을 가는 것은 불가능에 가깝다.

인생을 바꾸기 위해 우리가 선택할 수 있는 여러 길 중에 가성비가 가장 좋은 것, 자격증도 큰돈도 엄청난 재능도 필요 없고, 자신감과 배짱만으로 지금 당장 할 수 있는 것을 찾아보라. 백수 무직자가 도서관이나 집에 조용히 앉아서 즉시 도전할 수 있는 유일한 일은 바로 책쓰기다.

이 얼마나 멋진가? 책쓰기의 최고의 매력은, 누구나 즉시 어디서나 시작할 수 있고 도전할 수 있다는 점에 있다. 내가 그랬고, 다른 수많은 이들이 그렇게 시작했다. 결국에는 인생이 바뀌었다.

정말 바뀐다. 내가 책쓰기에 도전하지 않았다면 지금 어떤 인생을 살고 있을까? 한 가지 확실한 것은 책쓰기를 선택하지 않았다면 지금보다 못한 인생을 살았을 것이라는 사실이다.

독서로는 절대 부족하다. 독서를 통해 사고력을 확장하고, 지식을 쌓고, 좀 더 똑똑한 사람이 될 수는 있지만, 그것으로 인생이 바뀌었다고 하는 사람은 보지 못했다. 물론 성공할 사람들이 더 성공하고, 더 빨리 성공하는 데 독서가 도움이 되는 것은 확실하다. 하지만 거기까지다. 독서만으로는 인생을 송두리째 급격하게 바꿀 수 없다.

3년 독서와 3년 책쓰기 중 어느 것이 더 강력할까? 내 경우는 당연히 3년 책쓰기다. 물론 3년 독서 덕분에 나는 책을 쓸 수 있는 사람으로 성장할 수 있었다. 그러나 내 인생을 기적처럼 바꾸어놓은 것은 3년 독서가 아니라 3년 책쓰기다.

3년 독서가 필수라는 이야기로 오해하지 말라. 나는 몰라서 3년 간 책만 읽었으나, 지금 와서 생각해보면 독서와 책쓰기를 병행했더라면 최상이었을 것이다. 그러나 두 가지 다 할 만한 여유가 없다면 나는 책쓰기를 선택할 것이다.

책을 쓰는 행위에는 책을 읽는 행위도 포함된다. 독서가 책쓰기를 포함할 수는 없지만 그 반대는 가능하다. 꾸준히 책쓰기를 하면, 독서 이상의 효과를 얻게 된다고 생각하는 이유다.

3년 책쓰기면
인생이 바뀐다

지금까지 이야기한 것처럼 인생을 바꾸는 가장 강력하고 쉽고 간단한 해법을 나는 3년 책쓰기라고 생각한다. 과거에는 '3년 독서'로 인생을 바꿀 수 있었다. 호랑이가 담배 피던 시절만큼 옛날은 아니더라도 독서가 특별한 사람들의 전유물이었던 시대가 분명 있었다. 그러나 이제는 누구나 책을 읽는다. 생활 수준이 상향평준화되었다.

누구나 독서를 하는 시대에 독서를 통해 인생을 바꾸기는 매우 어렵다. 세상 이치가 그렇다. 따라서 누구나 책을 쓰는 시대가 본격화되기 전에 하루라도 빨리 책쓰기를 해야 인생이 바뀔 수 있다. 앞으로 50년 후에는 모두가 책을 쓰는 시대가 될 수 있다. 그러나 그때는 이미 늦은 것일지 모른다. 책쓰기의 효력이 다해 더 강력한 것이 나타날지 누가 알겠는가?

평범한 사람들이 학교에 다니지 못했던 시대에는 학교 다니는 것만으로 인생을 바꿀 수 있었고, 평범한 사람들이 TV에 나온다는 것은 엄두조차 내지 못하던 시대에는 개인방송을 하는 것만으로도 인생을 바꿀 수 있었다. 그런 이치와 같다.

현재 책쓰기에 도전하는 사람들이 기하급수적으로 늘고 있다. 모두가 책쓰기를 하는 시대가 되지는 않았지만, 그런 시대가 시작된 것만은 분명하다. 그런 시대가 완전히 정착되기 위해서는 아마도 반세기 이상이 걸릴 것이다. 어쩌면 더 빠를 수도 있다. 아마 몇십 년후에는 가능할지도 모르겠다. 아직은 책쓰기로 인생이 바뀔 수 있는 시대라는 말이다.

그럼 1년만 책쓰기를 하면 어떨까? 1년이라면 한두 권은 충분히 출간할 수 있는 시간이다. 그렇다면 3년은 평생 책쓰기를 할 수 있는 내공과 습관을 만드는 시간이다. 3년은 책쓰기를 통해 자신을 전문가로 도약시키기에 충분한 시간이다.

전문가라 말하려면 보통은 10년 이상 그 분야에 몸담고 있어야 한다. 책쓰기는 그 10년을 3년으로 줄여줄 수 있다. 책쓰기는 좀 더 통합적인 사고와 치밀한 분석, 그리고 창조를 가능하게 하기 때문에 그렇다. 책을 쓰는 사람은 그렇지 않은 사람보다 성장과 도약이 몇 배 더 빠르다.

최소비용으로 최대효과를 내는
최고의 직업

⌒⌒⌒

판검사가 되려면 오랜 노력과 뛰어난 지능이 필요하다. 기본적으로 성실하고 머리가 좋은 사람만이 가능하다. 대배우가 되고, 유명 가수가 되려고 해도 재능과 끼가 있어야 하며, 성실함은 필수다.

드라마틱한 성공, 신데렐라 같은 성공을 꿈꾸는 사람은 많지만, 머리도 재능도 끼도 없을뿐더러 성실함을 갖추지 못한 사람이 대부분이다. 바로 그런 이들에게는 책쓰기가 유일한 성공의 길일 수 있다.

돈이 많지 않고, 실력도 없고, 학벌, 인맥, 스펙도 없는 평범한 백수가 책쓰기를 통해 환골탈태한 사례는 국내를 포함해 전 세계적으로 수없이 많다. 특별한 재능이 없어서 배우나 가수처럼 드라마틱한 성공은 할 수 없지만, 책을 내서 방송에 출연하고 신문에 기사가 나오고, 전국에서 강의 요청이 들어오는 것은 가능하다.

책쓰기는 일확천금 같은 불확실한 성공을 좇다가 평생 모은 돈을 다 날리는 일과는 거리가 멀다. 책쓰기에 도전하는 경우, 평생 모은 돈을 투자할 필요가 없다. 독학으로 책쓰기에 도전한다면 기껏해야 노트북 구입 비용으로 100만 원이면 충분하다. 나는 처음 책을 쓸 때 간신히 타이핑만 되는 중고 노트북을 20만 원에 샀다. 20만 원 투자해서 선인세 500만 원을 받았다. 그것도 대한민국 최고의 출판사로부터 말이다. 한마디로 운이 좋았다. 지금 생각해보면 실력도, 내공도, 경험도 없던 내게는 과분한 일이었다. 초심자의 행운이 그런 것이었을까?

경제학에서 이야기하는 '최소비용으로 최대효과'의 원칙에 가장 부합하는 직업은 적어도 내게는 책쓰기였다. 책을 쓰는 데 투입된 돈, 시간, 노력에 비해 그 결과는 내 인생 최대치였다.

놀라운가? 그러나 작가라는 직업의 매력은 그것이 시작이다. 학벌이나 화려한 스펙 없이도 성공 가능하고 도전할 수 있는 분야가 책쓰기다. 그런 점에서 책쓰기는 정말 공평한 직업이다. 진입장벽이 거의 없다고 볼 수 있다. 성과 측정에서도 책쓰기는 매우 공평하다. 내 책의 성과는 전문가의 평가가 아니라 독자들에게 달려있기 때문이다.

책쓰기는 사회의 부조리와 불합리에서도 어느 정도 벗어나 있는 청정구역이다. 책 내용이 좋으면 독자들이 많아지고, 많은 독자가 생기면 부자가 되고 유명해질 수 있다. 아부를 잘하는 사람, 줄을 잘 서는 사람이 성공하고, 나쁜 사람이 더 많은 돈을 버는 사회의 부조리와는 거리가 멀다. 나는 그래서 작가라는 직업이 참 좋다.

일생에 한 번은
책쓰기에 미쳐라

인생은 길어봐야 100년이다. 짧다면 짧고, 길다면 긴 인생 동안 당신은 평생 한 가지 직업만을 가질 수도 있고, 여러 직업을 통해 제2, 제3의 인생을 경험할 수도 있다. 어느 것이 더 좋고 나쁘다고는 단언할 수 없다. 처음부터 좋은 직업을 선택했다면 그것이 가장 좋을지 모른다. 그러나 10년 이상 같은 일을 했는데도 여전히 그 일이 서툴고 힘겹고, 그 일을 통해 성장하지 못한다면 뭔가 문제가 있는 것이다.

물론, 기회비용은 따져봐야 한다. 이 직업을 선택했다면 다른 직업을 선택했을 때보다 더 좋은 기회를 놓치는 것이기 때문이다. 그래서 선택을 잘해야 하지만, 어떤 선택을 해도 완벽하지는 않을 것이다. 선택보다 더 중요한 것은 자신이 선택한 것이 더 좋은 결과를 가져올 수 있도록 노력하는 것인지도 모른다.

나는 한때 '삼성맨'이라 불리는 사람이었다. 삼성종합기술원에서 휴대폰 연구원으로 5년 동안 청춘을 불태웠고, 수원 정보통신단지에서 또다시 5년을 휴대폰 연구원으로 살았다. 총 10년 넘는 시간을 휴대폰 연구원이자 평범한 직장인으로 살았다.

그 후 회사를 그만두고 부산에 내려가 3년간 독서광으로 살았다. 밥 먹고 책 읽는 일만 했던 그 시절도 내 인생에서 행복한 시기였다. 그러고 나서 작가로서 또 강연자로서 꼬박 3년을 살았다. 그중 내 인생에서 가장 눈부신 시기는 두말 할 것 없이 책을 쓰는 3년이었다.

당신은 어떻게 미래를 준비하고, 노후대책을 세워나가고 있는가? 주식투자나 부동산투자로 통장에 돈이 두둑하다면 그것으로 노후대책은 충분할지 모른다. 그렇다 해도 내적 성장이 없는 당신의 삶은 공허할 것이다. 지적인 성장과 삶의 성찰이 없는 인생은 바람 빠진 풍선과 같다. 그 전후를 경험해본 사람은 내가 무슨 말을 하는지 알 것이다.

먹고사는 것보다 더 중요한 일은 무엇일까? 그것은 바로 '어떻게 살아갈 것인가?'이다. 부자가 되었다고 해서 풍요로운 삶이 보장된 것은 아니다. 내적 성장이 멈추고 평생 이삼십 대의 의식 수준을 가지고 산다면, 게다가 독서조차 하지 않는다면 그것은 큰 문제다. 그 삶은 갈수록 피폐해질 것이기 때문이다.

풍요로운 삶을 위해 가장 필요한 것은 돈이 아니라 내적 성장이며 의식 향상이다. 책쓰기는 내적 성장과 의식 향상을 동시에 장착하게 해주는 강력한 무기다. 게다가 책쓰기는 경제적인 풍요로움과 사회적인 지위 향상도 가져다줄 수 있다.

사실 일생에 한 번이 아니라, 평생 책쓰기에 미치라고 말하고 싶다. 평생 책쓰기를 하는 데 가장 중요한 것은 첫 단추를 잘 끼우는 것이고 책쓰기의 첫 단추는 최소 3년간 책쓰기를 하는 것이다.

100년을 산다고 했을 때 3년은 겨우 3%에 불과한 시간이다. 하루 24시간으로 환산하면 그중 50분도 채 안 되는 시간이다. 책쓰기에 투자하는 3년이라는 시간은 인생 전체로 보았을 때 그리 긴 시간이 아닐 것이다.

내 주위에는 골프를 안 쳐본 사람이 없는 것 같다. 그들은 일생을 살면서 한 번쯤 미쳐볼 필요가 있는 것이 골프라고 주장한다. 그런데 골프에 미쳐서 인생이 바뀌었다는 사람을 나는 한 명도 만난

적이 없다. 유명한 프로 골퍼라면 이야기가 다르겠지만 말이다.

나는 지금 책쓰기 덕분에 작은 회사를 운영하고 있다. 책쓰기 덕분에 여기저기서 강의해달라는 요청이 와서 강사로도 활동하고 있다. 일생에 한 번쯤 골프 대신 책쓰기에 미쳐보라고 내가 당당히 주장할 수 있는 이유다. 이렇게 주장하면 많은 사람이 반론을 제기한다. 나야 많은 독서량 때문에 가능했지, 그렇지 않은 사람들에게는 불가능한 일이라고 말이다.

그러나 그렇지만은 않다. 아무리 많은 독서도 책쓰기를 이길 수 없기 때문이다. 1만 권 독서보다 한 권의 책쓰기가 훨씬 강하고 더 큰 성장을 가져다준다. 독서량이 적은 당신도 책쓰기를 통해 더욱 강해지고 더 크게 성장할 수 있다.

책쓰기가
그리 어려운 일은 아니다

책쓰기를 가르쳐보면, 책쓰기에 대해 너무나 확고부동한 편견과 선입관들이 있음을 알 수 있다. 그중 하나가 책쓰기는 너무나 어렵고 멀고 먼 일이라는 것이다. 아무나 도전할 수 없는 분야라고 지레 겁을 먹는다. 정말 그럴까?

결론부터 말하면 그렇지 않다.

나는 10년간 직장생활을 하는 동안 이상하리만치 힘들었다. 매일 사람 상대에, 프로젝트에, 출장에, 야근에, 주간회의에, 보고서 작성에, 회식까지. 그중 가장 힘든 것은 사람을 상대하는 일이었다. 까다롭고 성깔 있는 상사를 상대하는 일은 정말 죽을 맛이었다. 휴일에 갑자기 회사로 호출하는 것은 다반사였고, 휴일에 쉬고 있는데 느닷없이 구미 공장으로 출장 가라고 전화로 통보하는 일도 허다했다. 그런 어이없는 일에도 사표 쓸 생각이 아니라면 군말 없이 따라야 했다.

생각해보라! 직장생활이 책 쓰는 삶보다 백배는 더 힘겹고 어렵고 치사하고 자존심이 상한다. 존경할 수 없는 상사의 거북한 지시를 감내해야 하고 하기 싫은 일도 억지로 해야 한다. 그런 직장생활을 거뜬히 해내고 있는 당신이라면 책쓰기의 그 지난한 과정도 거뜬히 견뎌낼 수 있다.

책쓰기는 존경하는 사람들을 흉내 내고 닮아가는 삶이다. 따라서 책쓰기를 하다 보면 조금씩 더 나은 사람으로 변화된다.

어떤 일이든 처음에는 다 어렵고 고통스럽다. 두렵고 막막할 수도 있다. 방법과 원리를 터득하지 못해서 그렇다. 책쓰기도 방법과 원리를 터득하면 단언컨대 그리 어려운 일이 아니다. 오히려 세상 쉽고 즐거운 일이라 느껴질 것이다.

세상에 공짜는 없다. 쉬운 일도 없고 어려운 일도 없다. 모든 것이 하기 나름이다.

책쓰기의 다른 매력은 원고만 상대하면 된다는 것이다. 원고만 잘 쓰면 만사형통이다. 보기 싫은 상사를 볼 필요도 없고, 아부할 필요도 없고, 역겨운 지시를 받을 필요도 없다. 꼴보기 싫은 상사에게 잔소리와 책망을 들을 필요도 없다.

책쓰기가 어렵다는 사람들이 있는데, 제대로 시작도 해본 적이 없는 경우가 대부분이다. 책쓰기의 방법론을 제대로 배운 적이 없고 문장 쓰는 법이나 문장에 대한 이해가 없어서 막연해 하는 것 같다. 좋은 문장과 나쁜 문장의 기준을 모르고, 아무런 원칙 없이 무턱대고 문장을 쓰고 책을 쓴다. 그래서 힘들고 막막한 것이다.

일단, 직장생활에 비하면 책을 쓰는 것은 몇 배 더 편하고 자유롭고 행복한 일임을 기억하라. 누군가에게 지시를 받거나 보고를 하거나 평가를 받을 필요가 없는 일이다.

뜻밖일지 모르겠지만, 나는 건축가들을 존경한다. 세계적인 건축물에 가보면 에스컬레이터가 한 층만 빼고 이어지기도 하고 구조가 어마어마하게 복잡하다. 건축가는 그런 복잡한 구조물을 한 치의 오차도 없이 설계한다. 예술적으로도 아주 아름답다. 그런 구조물을 보면 절로 입이 떡 벌어지고 감탄이 우러나온다.

그런 건축 설계에 비하면 책쓰기는 얼마나 편한가? 책을 쓰다가 혹시 실수한다고 해서 건물이나 다리가 붕괴되는 일은 없지 않은가? 오타가 있다고 해서 책이 폭발하는 것도 아니다. 그런 점에서 작가는 휴대폰 연구원들보다도 훨씬 더 안전한 직업이다. 적어도 내가 쓴 책을 통해 화재가 나거나 건물이 붕괴될 위험은 없으니 말이다.

책쓰기는 위험 부담이 정말 없다. 작가를 돕는 편집자가 있기 때문에 작가 혼자 모든 오류를 짊어질 필요가 없다.

게다가 책의 주인은 작가다. 작가는 평생 저작권을 소유하고 출판사에 5년씩 혹은 3년씩 돈을 받고 빌려준다. 책쓰기가 그리 어려운 일도 아닌 데다, 작가는 그 대가를 오래도록 적지 않게 받는다. 베스트셀러라면 그 부가가치는 어마어마하다. 말이 필요 없다.

책쓰기는 지금의 행복을 미래까지 연장시킨다

행복이란 무엇일까? 행복하다는 것은 어떤 상태를 말하는 것일까?

혹자는 행복을 현재 상태에 만족하고 고통이나 아픔이 없고 여유롭고 즐거운 상태라고 말한다. 지금 이 순간에 국한된 일시적인 행복만을 이야기하는 것이다. 삶의 의미와 가치라는 측면에서는 무의미한 행복이며, 긴 인생을 두고 볼 때 미래 지향적인 행복이라 할 수 없다. 그런 일시적인 행복도 행복이지만 좀 더 지속적인 행복이 분명 존재한다.

쾌락에 가까운 행복일수록 지금 당장만 즐겁고 만족스럽다. 참된 행복에 가까울수록 그 즐거움과 만족이 현재와 더불어 미래까지 연장된다.

독서에 미치면 좀 더 참된 행복에 가까워진다고 말할 수 있다. 독서는 기쁨과 자기계발이라는 두 마리 토끼를 잡을 수 있게 해주는 수단이다. 이론의 여지가 없다.

그러나 독서보다 한층 더 독한 것이 있는데 그것이 바로 책쓰기다. 책쓰기는 독서보다 좀 더 미래지향적인 행복을 보장해준다. 책쓰기에 미치면 책쓰기를 하는 동안 희열과 쾌감은 당연한 보상으로 주어지고, 덤으로 자기 자신이 훌쩍 성장하고 인생이 도약하는 경험을 얻을 수 있다.

책쓰기는 창조적인 활동일 뿐만 아니라, 미래를 위한 경제적 자본을 창출하는 생산적인 활동이기도 하다. 책쓰기가 생산하는 자본이란 집필 자본, 도서 자본을 말한다.

독서는 하면 할수록 마음이 풍요로워지지만, 책쓰기는 하면 할수록 마음과 함께 부가 풍요로워진다. 독서만 할 때보다 책쓰기를 병행할 때 미래가 더 기대되는 이유다.

영국의 경영학 교수이자 세계적인 경영전략가 게리 해멀Gary Hamel

을 나는 경영의 구루^{guru}로서 존경한다. 그는 이런 말을 했다. "미래의 나는 내가 지금 무엇을 가졌느냐가 아니라 내가 무엇을 끊임없이 추구하느냐에 의해 좌우된다."

책쓰기는 끊임없이 미래의 성장과 발전, 성공과 도약을 추구하는 행위이다. 새로운 것을 배우고 사고하고 사색하고 통찰하고, 더 나아가 창조하고 통합하고 편집하는 행위이다. 이런 행위를 매일 하는 사람의 미래가 밝지 않을 수 없다.

예능 프로를 보는 것으로도 즐겁게 스트레스를 풀 수 있다. 그러나 예능 프로를 보는 사람과 그 시간에 책을 쓰는 사람의 10년 후는 어마어마한 차이가 있을 것이다. 예능 프로가 삶의 낙인 사람은 10년 후에도 예능 프로를 볼 것이고, 책을 쓰는 사람은 10년 후 지금은 상상할 수 없는 풍요로움 속에 있을 것이다.

그림같은 유럽의 휴양지에서 해변에 누워 휴식을 즐기면 세상을 다 가진 기분이 들 것이다. 책쓰기는 당신의 삶에 이런 낙을 가져다줄 수 있지만, 예능 프로그램은 아무리 열심히 보아도 절대 그런 낙을 가져다주지 않는다.

행복이라고 해서 다 같은 행복이 아니다. 책쓰기를 하면 행복의 수준과 차원이 달라질 수 있다. 참된 행복, 진짜 행복이라면 지금 이 순간만 즐거운 것이 아니라 미래에도 풍요롭고 충만하며 즐거운 것이어야 한다. 또한 변화와 성장을 이루어가는 것이어야 한다.

정체된 삶은 결코 훌륭한 삶이라 할 수 없다. 우리는 평생 지속적으로 성장해나가야 한다. 이는 삶의 의무이자 권리이다.

어쩌다 어른이 되고, 어쩌다 살아가는 삶은 무의미하고 가치가 떨어진다. 나이를 먹는 만큼, 아니 그 이상으로 성장하고 성숙해야 한다. 어떻게 그것이 가능할까? 돈을 많이 벌었다고 해서, 건물을 몇 채 가지고 있다고 해서 가능한 일이 아니다. 성장과 성숙을 위한 효과적인 방법 중 하나가 바로 책쓰기다.

책쓰기는
인생 최고의 도전이다

책쓰기는 인생 최고의 혁명이다. 책쓰기는 인생 최고의 모험이며 도약이며 성공이다. 책쓰기는 인생 최고의 기쁨이며 즐거움이다. 책쓰기는 인생 최고의 희열이며 쾌락이다. 두말 할 필요 없이 책쓰기는 인생 최고의 도전이다.

책쓰기를 시작한다면 그 자체가 바로 성공이다. 빌 게이츠는 하버드 졸업장보다 소중한 것이 독서하는 습관이라고 했지만, 나는 아파트 몇 채보다 더 소중한 것이 책 쓰는 습관이라고 말하고 싶다.

책쓰기를 하면 아파트를 살 수도 있다. 책쓰기를 하면 하버드 졸업장이 가져다주는 삶보다 더 질 높은 삶을 살 수도 있다.

나는 우리나라 최고의 직장이라는 삼성전자에서 장장 10년 이상 열심히 직장생활을 했지만, 내 명의의 아파트가 한 채도 없었다. 부동산에 큰 관심이 없었던 것도 원인이었지만, 가장 큰 원인은 그만한 돈을 벌지 못했기 때문이다. 우리나라에서 10년 직장생활을 해도 아파트 한 채 값을 모으기란 여간 힘든 일이 아니다.

10년 직장생활을 통해 이루지 못한 일을 나는 3년 책쓰기로 이루었다. 책쓰기는 정말 내 인생 최고의 도전이자 성취였다.

미국의 사상가이자 시인 랠프 월도 에머슨^{Ralph Waldo Emerson}은 내적인 성숙은 반드시 성공적인 모습으로 드러난다고 말했다. 독서를 통해서도 내적 성숙을 이룰 수 있으나, 그 성숙이 반드시 성공적으로 드러나는 것은 아니다. 반면 책쓰기는 내적 성숙이 확실히 드러나는 최고의 수단이다.

책쓰기는 내면의 성숙을 성공적인 결과로 승화시켜 주는 최고의 도구라고 생각한다. 심지어 성공을 위한 최고의 도구는 책쓰기라고까지 말하고 싶다.

책쓰기를 하는 이유가 희망 없이 일만 하는 노예로 평생 살지 않기 위함만은 아니다. 그것보다 더 큰 이유가 있는데, 바로 세상이라는 창공을 향해 마음껏 날아오르기 위해서다.

소크라테스는 "남의 책을 많이 읽어라. 남이 고생한 것을 가지고 쉽게 자기 발전을 이룰 수 있다"라고 말했다. 그러나 나는 "남의 책을 많이 읽기보다는 자신의 책을 더 많이 써라. 남이 고생한 것을 빌리지 않아도, 자기 발전을 이룰 뿐만 아니라 인생의 성공과 도약에 이를 수 있다"라고 말하고자 한다.

책쓰기는 평생 닳지 않는 자본이다

미래형 인재는 어떤 유형의 사람일까? 딱 꼬집어 말할 수는 없지만, 무조건 열심히 하는 성실한 유형은 분명 아닐 것이다. 자기 재능만 믿고 게으른 유형은 더더욱 아닐 것이다.

미래형 인재는 많은 것을 통합하고, 편집하고, 융합하고, 그래서 새로운 것을 창조할 수 있는 유형이다. 동시에 인간의 감성을 자극하고 공감하는 능력이 뛰어난 사람일 것이다. 요컨대, 미래형 인재는 창조적이고 감성적인 인재라고 할 수 있다.

당신은 미래형 인재인가? 무조건 일만 열심히 하는 사람인가? 아니면 미래를 위해 무언가를 준비하는 사람인가? 만약 후자라면 정말 다행이다. 미래를 위한 최고의 준비는 책쓰기다. 최고의 노후 대책도 책을 쓰는 것이다. 책을 10권가량 써놓으면 노후가 든든하다. 그 책이 베스트셀러라면 더 잔소리할 필요가 없다. 5년 혹은 3년마다 저작권을 회수해 마음에 드는 출판사와 더 나은 조건으로 재계약할 수 있기 때문이다.

베스트셀러가 없다 해도 책을 쓰는 것은 평생 없어지지 않는 자본을 만드는 일이다. 저작권은 곧 자산이기 때문이다. 평생 꿀벌처럼 부지런히 일하지 않아도 책쓰기를 통해 자본을 축적할 수 있다.

많은 책을 쓸수록 많은 자본이 축적되는 것은 당연한 이치다. 그러나 아무리 열심히 일해도 자본이 축적되리라는 보장은 없다. 오히려 몸과 마음이 지치고 병들 뿐이다. 책은 많이 쓰면 쓸수록 내적으로 점점 성장해나갈 뿐만 아니라, 자산도 늘어만 간다. 이보다 더 멋진 일이 있을까?

평생 자신을 발전시키고 성장시키기 위해 많은 사람이 손쉽게 선택하는 방법이 독서다. 그러나 책쓰기는 독서보다 열 배 정도 더 강력한 효과를 발휘한다.

당신의 위대함을 깨우는
전략적 선택

 ∽ↄↄ৹৹৹

 누구나 내면에 위대함을 가지고 있다. 그것을 깨닫지 못하면 그 위대함은 영원히 잠들어 있을 것이다. 꿀벌처럼 하루하루 일에 치이면 그 위대함을 깨울 시간도 여유도 없다. 나 역시 그 점을 좀 더 일찍 깨달았다면, 좀 더 일찍 회사를 그만두었을 것이다.

 당신 내면에 거인이 잠자고 있는데 깨울 방법을 몰라 그 거인을 구경도 못하고 생을 끝낸다면 이 얼마나 억울하고 슬픈 일인가? 많은 사람이 돈 몇 푼에 벌벌 떨지만, 정작 자신이 어마어마한 잠재력을 묻히고 사는 더 큰 낭비를 일삼고 있음을 깨닫지 못한다. 단 몇 푼을 잃으면 사기당했다고 흥분하면서도 더 큰 자산을 잃은 것에는 무감각하다.

군이 돈을 어떻게 벌 것인가를 고민할 필요가 없다. 평생 잠들어 있는 내면의 거인만 깨우면 돈이 알아서 당신에게 찾아올 것이다. 돈을 벌고자 하는가? 돈벌이로만 향하던 시선을 돌려 당신의 내면을 돌아보라. 당신 내면에 잠자고 있는 무한 능력, 위대함, 거인을 깨우라. 그것이 좀 더 전략적인 방법이고 고차원적인 자세다.

내면의 거인을 깨우려면 어떻게 해야 할까? 혁명적인 무언가가 필요하다.

변화심리학의 권위자 앤서니 라빈스^{Anthony Robbins}는 자신의 위대한 잠재능력을 거침없이 세상에 보여주었다. 그는 자신의 책을 통해, 위대해지려는 생각과 거인을 깨우고자 하는 결단의 순간들이 우리의 운명을 만들어 나간다고 주장한다.

잠들어 있는 잠재력을 깨우는 첫 단계는 결단이다. 우리가 스스로 그렇게 되겠다고 결단을 내리는 순간, 하늘도 움직인다고 괴테는 말했다. 결단은 행동으로 옮겨지고, 행동을 변화시키기 위한 가장 효과적인 방법이 떠오른다. 여기서 결단을 내린다는 것은 책쓰기를 통해 맞이하게 될 눈부신 미래를 확신하고 다른 길은 선택하지 않는다는 뜻이다.

행동과 습관의 변화를 위한 방법으로, 앤서니 라빈스는 신경연상회로 조율작업을 추천한다. 신경연상회로 조율작업이란, 이를테면 과거의 행동에 대해서는 참을 수 없는 고통을, 책쓰기라는 새로운 행동에 대해서는 크나큰 즐거움과 눈부신 미래를 연결해 사고하는 것을 말한다.

지금 책쓰기에 도전하면 2025년에는 제주도에 멋진 리조트를 소유할 수 있고, 100명의 직원을 둔 회사를 운영할 수 있고, 멋진 유럽 여행을 한 달 이상 다녀와도 될 만큼의 경제적 부와 자유를 누릴 수 있을 것이라고 생각해보라. 그것이 당신의 행동과 습관의 변화를 이끌 것이다.

잠든 위대함을 깨우기 위해 무엇보다 필요한 것은 가슴 뛰는 일을 시작하는 것이다. 그 일을 했을 때 가슴 설레는 미래가 펼쳐지고 기대감이 충분히 들어야 한다. 책쓰기가 당신에게 그런 일이 될 수 있다.

책쓰기를 통해 당신의 위대한 잠재력을 깨우려면 실패나 과정에 대한 두려움을 극복하는 것도 매우 중요하다. "시도했던 모든 것이 잘못되어 폐기되더라도, 그것은 또 하나의 전진이기 때문에 나는 절대 실망하지 않는다"라는 토머스 에디슨^{Thomas Alva Edison}의 말을 기억하라.

나는 직장생활 10년간 실패다운 실패를 한 번도 해본 적이 없다. 제대로 된 도전을 해본 적이 없기 때문에 그렇다. 도전도 실패도 성공도 없는 그런 삶이었다. 뜨겁지도 차갑지도 않은 미지근한 삶이었다.

그러나 책쓰기 3년 동안에는 수많은 실패를 겪었다. 그렇게 많은 도전과 실패는 난생처음 겪는 일이었고, 상상조차 해본 적 없는 낯선 느낌이었다. 수많은 출판사에 원고를 보냈지만 받아주는 곳이 없었다. 출간을 거절하는 출판사 이메일을 확인하는 순간 저 발끝부터 머리끝까지 좌절감이 휘몰아쳤다. 그런 낙심이 여러 날 계속됨에 따라, 매일 책을 쓰겠다는 도전은 실패하기 일쑤였다.

하지만 지금 와서 생각해보면 실패 횟수가 많아질수록 나는 점점 더 성공에 가까이 다가가고 있었다. 그때 그 사실을 알았더라면 하는 아쉬움이 쓰나미처럼 밀려오곤 한다.

책쓰기 없는 3년은
그야말로 낭비다

◠◡◠◡◠

"왜 굳이 책을 써야 하나요?"

"나 같은 평범한 사람이 무슨 책쓰기인가요?"

"평범한 사람의 책을 누가 읽어주나요?"

많은 독자들이 이런 의문을 가질 것이다. 그럼에도 불구하고 당신은 책을 써야 한다. 책쓰기를 하지 않는 것은 인생 최대의 실수이자 최대의 낭비일 수 있기 때문이다. 왜 그런지 이야기해보겠다.

동물은 먹느냐 먹히느냐에 따라 생존이 결정되지만, 인간은 누구에 의해 자신을 규정하느냐에 따라 삶과 죽음, 성공과 실패, 부와 가난, 즉 인생에서 중요한 모든 것이 결정된다. 자기 자신을 스스로 규정하느냐 남에게 규정을 당하느냐는 인간의 가장 중요한 이슈일 수 있다.

자기 자신을 스스로 규정하는 경우 대부분은 놀랍게도 책쓰기가 그 수단인 경우가 많다. 책을 쓰면 당신은 당신 자신을 규정할 수 있다. 지속적으로 자신을 규정해나갈 수도 있다. 세상이 당신을 먼저 이러쿵저러쿵 규정하기 전에 당신 스스로 당신이 원하는 모습대로 당신을 규정하라.

당신의 이름으로 출간된 책이 한 권도 없다면, 당신은 타인에 의해 규정당하는 쪽에 서 있을 확률이 높다. 그렇다면 당신의 운명은 피동적이 되고 타인에 의해 쉽게 영향을 받는다. 운이 좋으면 성공할 수도 있지만, 결국엔 요행을 바라는 삶으로 전락할 것이다.

당신이 삶의 주인으로 당당히 살아가느냐, 아니면 타인에 의해 규정되는 삶을 사느냐는 엄청난 차이를 가져온다. 나는 그 차이를 온몸으로 경험하고 또 경험했다.

프리랜서 글쟁이는 나쁘지 않은 직업이다. 유시민 작가도 프리랜서 글쟁이가 나쁘지 않다고 자신의 책에서 이야기했다. 투자금이나 자본금 없이도 바로 시작할 수 있고 리스크가 적은 사업이다. 노트북 한 대와 작은 집필 공간만 있으면 된다.

마땅한 공간이 없다면 분위기 좋은 카페를 이용하면 그만이다. 카페를 이용할 형편이 안 된다면 그냥 집에서 일하면 어떤가? 집에서는 집중도 안 되고 일할 분위기가 아니라면 공공 도서관을 이용하면 된다.

공공 도서관은 프리랜서 글쟁이들의 천국이다. 공공 도서관은 국가가 엄청나게 많은 예산을 들여 오래전부터 준비한 프리랜서 글쟁이들의 공간이다. 내가 읽고 싶은 모든 책은 공공 도서관에 있다. 책을 읽고 빌리는 모든 사용료가 공짜다. 비가 오나 눈이 오나 폭염이 덮치나 공공 도서관은 하루 종일 무료다.

한 번뿐인 인생, 남에게 휘둘리면서 월급봉투나 바라보면서 살 것인가? 아니면 자신이 진정으로 원하는 자유로운 삶을 살 것인가? 물론 직장생활이 꿈인 사람도 많다. 그러나 직장생활을 하더라도 책쓰기는 병행할 필요가 있다. 그렇지 않으면 그것 역시 인생의 낭비라고 생각한다.

나는 직장생활 10년 동안 점점 피폐해지는 나 자신을 그저 바라만 보았다. 거대한 기계의 톱니바퀴가 되어 마냥 돌아갈 뿐, 어디로 가는지, 왜 거기에 있는지 알 수 없었고, 알려고도 하지 않았다. 찰스 핸디의 다음 이야기가 바로 내 이야기였다.

"어디로 흘러가는지도 모른 채 무조건 돌진하는, 누군가의 거대한 기계를 위해 돌아가는 톱니바퀴로 내 삶이 머물 수는 없다. 삶은 그 이상의 무엇이어야 한다."(『텅 빈 레인코트』 중에서)

그러나 나는 운이 좋았다. 책쓰기를 만나게 되었고, 직장생활 이상의 삶을 살게 되었다.

이제 당신 차례다. 더는 머뭇거리지 말고 눈부신 책쓰기의 세계에 들어오라.

다들 미친 짓이라
손가락질했지만…

나는 제어계측공학과 출신으로 삼성전자 연구원에서 휴대폰을 개발하던 휴대폰 연구원이었다. 시쳇말로 '공돌이'였다. 당시 내가 세상에서 가장 잘하는 것은 휴대폰의 회로도를 그리고, 휴대폰을 개발하고, 테스트하고, 회로도를 수정하고, 휴대폰의 기능을 향상시키고, 안정시켜 나가고, 전자 부품을 납땜하는 일이었다.

나는 전 세계를 누비며 삼성전자의 GSM 폰을 개발했다. 그때까지 값싼 가전제품을 만드는 회사라는 오명을 쓰고 있던 삼성전자는 우리가 개발한 SGH-600 글로벌 폰 덕분에 운명이 바뀌었다. 이 휴대폰이 전 세계에 출시되면서, '삼성도 휴대폰을 만들 수 있는 회사'라는 인식이 전 세계에 널리 퍼지기 시작했다. 삼성이 휴대폰 1위 글로벌 업체가 될 수 있는 토대가 그때 마련되었다.

삼성전자를 전 세계인에게 제대로 각인시킨 주역은 바로 그 GSM 팀이었다. 그 팀의 일원으로서 갖은 고생을 다했던 나는 이루 말할 수 없이 뿌듯했다. 미래도 보장되었다. 좋은 대기업에 다니며 성과를 내고 승승장구하던 나는 집안의 자랑이자 남들에게는 부러움의 대상이었다. 그러나 그렇게 잘나갈 것만 같던 나는 어느 날 갑자기 회사를 때려치웠다.

11년 가까이 삼성맨으로 살았던 내가 왜 하루아침에 그 좋은 회사를 헌신짝 버리듯이 버렸을까? 많은 이들이 궁금해했다. 가족들은 그런 나를 이해할 수 없어서 힘들어 했다. 왜 아니겠는가?

실은 나도 그것이 의문이다. 대체 내가 왜 그랬을까?

한마디로 미친 짓이었다. 좋은 대기업, 안정된 직장, 거액의 연봉, 보장된 미래, 사회적 인정, 좋은 대우. 이 모두를 마다하고 나는 회사에 사표를 던졌다. 대체 왜?

회사 생활이 재미없어서? 새로운 인생을 살고 싶어서? 새로운 일을 해보고 싶어서? 다 아니었다. 그저 미친 짓이었고, 무모한 도전이었다.

보통은 회사를 그만둘 때 명분이란 것이 있기 마련이다. 새로운 일을 해보고 싶거나 새로운 인생을 살고 싶은 것이 진짜 이유라 할지라도 세상에는 그럴싸한 명분을 내놓는 것이 인지상정이다. 그러나 나는 그런 명분조차 없었다.

내가 회사를 그만둔 이유는 한 가지만은 아니었던 것 같다. 아니 뚜렷한 이유가 없었다는 말이 더 정확할지 모르겠다. 그래도 굳이 이유를 설명한다면, 먹고사는 것에 연연해하던 내 삶이 노예 같았기 때문이랄까? 나는 그런 삶이 싫어서 그 삶을 버렸을 뿐이다.

나는 내 삶을 주도적으로 살고 싶었다. 내 삶의 주인이 되고 싶었다. 주체적으로 생각하고, 주도적으로 계획하고, 주인 의식을 가지고 살아보고 싶었다. 현실이 그것을 거부하자 내가 먼저 현실을 거부한 것이다. 그렇게 나는 11년 다닌 직장을 그만두게 되었다.

싫든 좋든 직장에 다니는 것이 내 현실이었다. 세상 모든 사람이 조용한 절망의 삶을 살고 있다는 헨리 데이비드 소로^{Henry David Thoreau}의 말처럼 나도 예외는 아니었다. 세상이 원하고 시키는 대로 쥐 죽은 듯이 조용히 사는 방법을, 침묵하며 선택해왔다.

그러던 어느 순간 나는 그런 삶을 정면으로 거부하기 시작했다. 직장 다니는 것을 포기했고 처자식을 부양해야 한다는 무거운 의무에서도 잠시 도망쳤다. 조용한 절망의 삶에서 벗어나, '내'가 자유로운 삶을, 최소한 절망이 아닌 희망으로 살아내고 싶었다.

그때 나를 찾아와준 구원 같은 존재가 바로 책쓰기였다. 책쓰기는 내 절망을 희망으로 바꿔주었고, 나를 침묵이 아닌 외침으로 만들어주었다. 꿈에도 생각해보지 못한 눈부신 일이 일어났다. 그러나 그 이후의 놀라운 변화에 비하면 그것은 아무것도 아니었다.

무엇이 3년 동안
책만 읽게 했나?

중요한 것은 그때부터였다. 사실 회사를 그만두는 것은 아무나 할 수 있는 일이다.

자의든 타의든 회사를 그만두는 사람은 차고도 넘친다. 약간의 배짱과 무모함만 있으면 누구나 멋지게 회사에 사표를 던지고 회사 문을 박차고 나올 수 있다. 진짜 중요한 것은 그 이후의 삶이다.

회사를 그만둔 사람들이 가장 많이 하는 일은 아이러니하게도 더 나은 직장을 찾기 위해 노력하는 것이다. 열심히 이력서를 넣고,

토익학원과 영어회화학원을 전전하며 스펙을 쌓기에 여념이 없다. 근래에는 창업을 준비하거나 자격증 공부를 하는 사람도 많아졌다.

나는 그런 일은 전혀 하지 않았다. 퇴사 후 내가 가장 먼저 한 일은 거처를 옮기는 것이었다. 나는 온 가족을 데리고 서울에서 멀리 떨어진 부산으로 이사를 갔다.

그러고 나서 한 가지 결단을 했는데, '도서관에 매일 출근해(?) 온종일 책만 보겠다'는 것이었다. 나는 그 결단을 매일 행동으로 옮겼다. 3년을 그렇게 살았고, 3년 동안 1만 권의 책을 독파했다. 운이 좋았다. 사람들은 내가 머리가 비상해서 혹은 너무나 지독한 사람이어서 그럴 수 있었지, 평범한 이들에게는 말도 안 되는 일이라고 말한다. 그러나 나는 머리가 뛰어난 사람이 아니고 독종도 아니다. 집에 돈이 많은 것도 아니고 능력자는 더더욱 아니다. 앞서도 말했지만, 내가 할 줄 아는 것은 휴대폰 연구뿐이었다.

평범한 아이 아빠에 백수였던 내가 3년 동안 1만 권의 책을 독파할 수 있었던 이유는 오직 한 가지, 책 읽는 즐거움 때문이었다. 그 즐거움 때문에 나는 일분일초도 손에서 책을 놓을 수가 없었다.

이 말이 믿기지 않는가? 몰입flow의 대가 미하이 칙센트미하이Mihaly Csikszentmihalyi 박사는 삼매경에 빠질 정도로 몰두하는 심리적 상태를 몰입 상태라고 말한다. 내가 3년 동안 경험했던 것 역시 바로 그 몰입이었다. 몰입과 독서를 결합해 '몰입 독서'라고 칭하도록 하겠다.

내가 경험한 몰입 독서는 책을 읽는 동안 독서가 세상 전부라 믿고 독서에만 빠져드는 것이다. 세상 근심을 모두 잊고, 시간 가는 것도 모르고 말이다. 이때 말로 표현할 수 없을 정도로 강렬한 쾌감이 느껴진다. 이는 뇌에서 쾌감 호르몬인 엔도르핀이 분비되기 때문이다. 우리 몸에 무해한 강렬한 쾌감을 느끼게 해준다는 이유로 엔도르핀은 '몸 안에서 만들어지는 모르핀'이라는 별명을 얻었다.

나는 몰입 독서 덕분에 수많은 책을 좀 더 쉽고 빠르게 읽을 수 있었다. 그뿐만 아니라, 다작을 할 수 있는 작가가 되었고 베스트셀러도 몇 권 쓰게 되었다.

온종일 도서관에 앉아서 책만 읽다니 지루할 것 같다고 이야기하는 사람들이 있다. 그런 삶은 딱해 보이고 불행해 보인다는 사람도 있을 것이다. 그러나 거짓말 같지만 나는 그때 누구보다도 행복했다. 그 어느 때보다도 더 다이내믹한 삶을 살았다고 자부한다.

몰입 독서에 숙달되자 어느 순간 하루에 열 권 이상의 책이 눈에 들어왔다. 나중에 안 사실이지만, 몰입 독서가 전전두엽을 활성화시켜서 그렇다고 한다. 뇌의 가장 고차원적인 인지 활동 영역이 바로 전전두엽이다.

그렇게 몰입 독서를 하다 보니 책읽기가 내 삶에 유일한 기쁨이 되었다. 심지어 평생 책만 읽고 싶다는 생각이 들기도 했다. 몰입을 경험한 사람들은 그런 행위를 반복해서 하는 경향이 강하다고 미하이 칙센트미하이 박사는 말한다.

그중 독서는 좀 더 특별한 행위다. 왜냐하면 독서의 경우 몰입에서 끝나지 않고 인지적인 간접 경험을 무궁무진 제공해줄 수 있기 때문이다. 나는 날마다 독서를 통해 새로운 세계를 만났다. 많은 책들이 이끄는 대로 내 몸을 맡겼더니 좀 더 넓은 세계로 나를 확장시킬 수 있었다.

다양한 분야의 책을 읽음으로써 나는 점점 더 성장했다. 내 머리로는 절대 생각할 수 없었던 새로운 사실과 새로운 세계를 접하게 되는 기쁨은 이루 말로 표현할 수 없다. 그런 기쁨이 없었다면 결코 3년간 1만권을 독파할 수 없었을 것이다.

그러나 책읽기보다 더 큰 기쁨과 특권이 있는데 그것은 바로 책쓰기다. 몰입 독서를 하지 않았다면, 나 스스로 결코 그 사실을 깨닫지 못했을 것이다. 독서는 내게 책쓰기를 위한 마중물이었던 것 같다. 직장생활에서 책쓰기로 삶의 방향을 바꾸기 위한 마중물 말이다.

열정을 지배하는 삶이
효율 높은 삶이다

3년 동안 책만 읽다니! 어쩌면 그것은 무모한 짓일지 모른다. 온종일 밥 먹고 책만 읽는 그 일은 대한민국 대부분의 40대 남자가 하지 않는 짓이다. 그렇게 1년이 지나자 내 의식도 성격도 달라진 느낌이었다. 우유부단한 성격이 결단력 있는 사람이 되었고, 남의 말에 쉽게 현혹되고 쉽게 싫증내며 쉽게 포기하던 사람이 엄청나게 끈기 있는 사람으로 바뀌었다.

또다시 1년을 밥 먹고 책만 읽었더니, 이번에는 내가 새로 태어난 느낌이었다. 독서가 나를 다른 사람으로 만들어버린 것 같았다. 책 쓰는 사람으로 말이다.

대체 어떻게 그럴 수 있었는지, 그 후 많은 사람이 내게 물었다. 나는 그 답을 곰곰이 생각해보았다.

"일을 즐길 수 있는 비결은 잘하는 것이고, 일을 잘하고 싶으면 즐겨라"라고 미국의 작가 펄 벅$^{Pearl Buck}$은 말했다.

그 말처럼 내가 3년 동안 1만 권의 책을 독파한 비결은 독서를 즐긴 덕분이었는지 모른다. 그러나 과연 즐기는 것만이 비결이었을까? 무언가를 즐기는 사람이 이 세상에 얼마나 많은가? 즐긴다고 해서 모두가 고수가 되는 것은 아니지 않는가?

좀 더 근본적인 비결을 생각해보았다. 내가 몰입 독서를 하면서 그 많은 책을 즐길 수 있었던 비결은 남들과 다른 열정과 끈기 덕분이 아니었을까? 그것은 요즘 유행하는 말로 '그릿^{grit}'이다. 무엇인가를 끝까지 해낼 수 있는 불굴의 의지와 열정, 집념과 끈기 말이다.

『그릿』의 저자 앤절라 더크워스$^{Angela Duckworth}$는 말한다. 특별할 것 없는 평범한 사람들이 놀라운 성공을 이루어냈다면, 그 공통점은 단 하나, '시련과 역경이 있어도 목표를 향해 꾸준히 정진할 수 있는 능력'을 가졌다는 점이라고 말이다.

그릿의 핵심은 열정과 끈기라고 앤절라 더크워스는 말한다. 열정이란 시련과 역경이 와도 절대 포기하지 않는 집념이며 기백이다. 끈기란 소처럼 묵묵히 한 가지 일을 끝까지 해내는 우직함이다. 내가 3년간 1만 권의 책을 읽을 수 있었던 것도 열정과 끈기이며, 우직함이자 기개였다.

최근에야 깨달은 사실인데, 나를 포함해 주위의 많은 사람이 우유부단한 천성을 지니고 있다. 너무 빠르고 쉽게 무언가를 포기하는 습성이 있다. 과거의 나도 그런 사람이었다. 그러나 나는 독서량이 많아지면서 서서히 좋은 쪽으로 바뀌었다. 내가 읽은 수많은 책이 나를 새롭게 태어나게 한 것이다. 운이 좋았다.

그리고 열정에도 종류가 있다는 사실을 깨닫게 되었다. 간장인지 된장인지도 구분하지 못하던 어설픈 남자가 생애 최초로 500명을 앞에 두고 강의했을 때 강의 주제가 바로 그것이었다.

동대문 예그리나 명사 특강에서 했던 강의안의 일부를 가감 없이 독자 여러분에게 전한다.

고대 로마에 한 시인이 있었습니다. 호라티우스라는 이름의 시인이었습니다. 그런데 그분이 이런 말을 했습니다.

"당신의 열정을 지배하십시오. 그렇지 않으면 열정이 당신을 지배합니다."

열정을 지배한다는 것은 과연 어떤 것일까요? 저는 평범한 삶을 살았을 때 열정이 저를 지배했다는 사실을 깨닫기 시작했습니다. 그러나 최고의 삶을 살고 있을 때는 제가 열정을 지배하고 있었습니다.

여러분! 그 차이는 무엇일까요?

제 인생에서 20대와 30대는 열정이 저를 지배하던 시기였습니다. 그래서 모든 일에 열정을 다 쏟아부었습니다. 이것에도 목숨을 걸었고, 저것에도 목숨을 걸었습니다. 이것도 잘하고 싶고 저것도 잘하고 싶었던 것이죠.

그러나 40대 이후의 삶은 제가 열정을 지배하기 시작했습니다. 그러면서 저는 선택과 집중을 하게 되었죠. 한 가지 일에만 목숨을 걸고, 다른 일은 포기하고 마음을 비우는 것입니다. 그러자 목숨을 걸고 하는 한 가지 일은 누구보다 더 철저하게 잘하게 되었습니다. 놀랍지 않습니까?

왜 그런 차이가 발생했을까요? 이 차이가 의미하는 것은 바로 효율성의 문제와 연관이 있다고 생각합니다. 그래서 저는 열정을 지배한다는 것을 효율성의 문제라고 생각하게 되었습니다.

최고의 인생이란 결국, 얼마나 효율적으로 살아갈 수 있는지와 본질적으로 일맥상통한다고 생각합니다.

똑같은 하루 24시간을 살면서도 누구는 48시간처럼 산다면 그것은 효율이 높은 것입니다. 그것이 열정을 지배하는 삶입니다.

현대 경영학의 창시자인 피터 드러커 박사는 이런 말을 했습니다. "효율적으로 행동하는 것은 천성이 아니라 노력으로 몸에 배어야 할 습관이다. 정확하게 표현하면 그것은 습득할 수 있는 기법이다."

순간적으로 뜨거워지고 내일이면 사라지는 열정은 무의미하다. 세상 모든 일에 동일한 열정을 부여하는 것도 바람직한 태도는 아니다. 그런 모습은 당신이 열정에 지배당한다는 사실을 말해줄 뿐이다. 열정에 지배당하지 않고, 오히려 열정을 지배해야 한다.

기회다운 기회를 준 적 없는
비겁한 자신을 두려워하라

꿎꿎

3년에 1만 권을 읽으면 어떻게 될까?

내가 실제로 해보니 확실히 세상이 달라졌다. 아니 세상은 달라진 것이 전혀 없는데, 세상을 보는 나 자신이 완전히 다른 사람이 되었다. 괄목상대할 만큼 놀랍게, 상상조차 하지 못할 정도로 완벽에 가깝게 말이다.

3년 1만 권 독서를 하기 전에는 절대로 할 수 없던 일을 지금은 거뜬히 해낸다. 대표적인 것이 바로 책쓰기다. 조금 너스레를 떨면 책쓰기가 세상에서 가장 쉬웠다고 할까? 평생 아무것도 하지 말고 그저 책만 쓰라고 하면 정말 감사할 것 같다. 책 1만 권을 열심히 읽으면 어떻게 달라지는지, 깨달을 수 있었다.

당연한 이야기지만, 자신이 매일 먹고 마시고 경험하는 것이 자신을 만든다. 매일 마약을 하면 마약 중독자가 되고, 매일 많은 술을 마시면 알코올 중독자가 된다. 매일 많은 책을 읽으면 어제보다 더 나은 존재로 성장한다. 여기에 좋은 책을 읽어야 한다는 단서가 붙어야 하는 것은 물론이다.

그렇다면 나처럼 3년에 1만 권을 읽으면 구체적으로 무엇이 어떻게 변할까?

나 같은 경우 1만 권 독서 이전에는 아주 작은 범위만 생각하며 살았는데, 그 이후 사고의 범위가 확대되었다. 이전에는 지극히 개인주의적이고 소시민적으로 사고했다면 그 이후에는 국가와 민족, 나아가 범우주적으로 사고하게 되었다. 생각의 범위가 넓어지는 것은 물론이고, 생각의 시간적인 제한도 무너졌다. 가끔은 죽음 이후도 생각하게 된다. 죽음이 두려운 존재만은 아니라는 생각이 들며, 운명에 순응하는 것도 배우게 되었다.

어른이 되면 걱정이 많아진다고 하는데, 생각이 넓고 깊어진다는 뜻일까? 독서는 생각의 확장 속도와 범위를 한층 더 가속화한다.

유발 하라리^{Yuval Noah Harari}는 『21세기를 위한 21가지 제언^{21 Lessons for} ^{the 21st Century}』이라는 저서에서 "당신은 당신이 생각하는 것보다 무지하다"라고 꼬집는다. 인간의 합리성과 지식의 허구에 대한 꽤 통찰력 있는 지적이라고 생각한다.

우리는 스스로 꽤 많이 안다고 생각하지만, 그것은 착각일 뿐이다. 왜 그런 착각들을 할까? 다른 사람의 머릿속에 든 지식을 자신의 것으로 여기는 것이 그 이유라고 유발 하라리는 말한다.

책을 5,000권 정도 읽어보면, 마치 자신이 모든 것을 아는 것 같은 착각에 빠지게 된다. 그러다가 1만 권 정도 읽는 순간 드디어 그것이 얼마나 어이없는 착각이었는지를 깨닫게 된다. 내가 아는 것이 너무 없다는 사실에 절로 고개가 숙여지고 겸허해진다. 내가 그랬다. 독서는 지식만 선물해주는 것이 아니라, 이처럼 자기 자신과 세상에 대한 통찰력도 제공해준다.

독서는 우리가 무엇을 두려워해야 하고, 무엇을 선택해야 하는지에 대해서도 조언해준다. 인간은 대개 삶보다는 죽음을 두려워한다. 그러나 1만 권 독서 끝에 내가 깨달은 사실은 우리가 두려워할 대상은 죽음이 아니라 오늘 하루하루의 삶이라는 것이다.

죽음은 아무도 피할 수 없다. 죽음은 공평하다. 그러나 삶은 공평하지 않다. 어떻게 사느냐에 따라 태산같이 진중한 삶이 될 수도 있고, 쓰레기보다 못한 삶, 깃털보다 가벼운 삶이 될 수도 있다. 심하면, 타인과 세상에 암 같이 해로운 삶이 될 수도 있다. 바로 그런 이유 때문에 우리는 죽음보다 삶을 더 두려워해야 한다.

내가 1만 권 독서 끝에 깨달은 사실을 정리하면 다음과 같다.

- 삶에서 가장 중요한 것은 성공이 아니라 성장이고, 우리가 두려워할 것은 죽음이 아니라 삶이며, 우리가 조심해야 할 것은 타인이 아니라 바로 자기 자신이다.
- 우리가 두려워해야 할 것은 타인의 시선이 아니다. 진정으로 두려워해야 할 것은 단 한 번도 자신에게 기회다운 기회를 준 적이 없는 비겁한 나 자신이다.
- 우리가 걱정해야 할 것은 경제적 손실이나 명예의 실추가 아니며 누군가의 모함이나 비판이나 험담이 아니다. 제대로 살아내지 못하고 하루하루 허비하고, 낭비하며, 탕진하며 살아가는 자신의 삶을 걱정해야 한다.
- 우리가 염려할 것은 실패나 죽음이 아니다. 제대로 살아내지 못하는 삶, 자신에게 성장의 기회조차 주지 않는 잔인함, 두려움에 사로잡혀 그 어떤 도전도 하지 못하는 비겁함을 염려해야 한다.

- 그런 점에서 실패는 고마운 것이며, 오히려 성공이 위험한 것이다.
- 따라서 우리 삶의 목표는 세상적인 부와 명예가 되어서는 안 된다. 어제보다 더 나은 오늘, 즉 성장만이 우리 삶의 목표가 되어야 한다.

3년 동안 60권을 출간한 비결

피터 엘보^{Peter Elbow}는 『힘 있는 글쓰기^{Writing with Power}』에서 탁월함을 끌어내는 한 가지 분명한 방법은 엄청나게 많이 쓰는 것이라고 주장한다. 엄청나게 많이 쓰지 않고서 탁월한 글을 써낼 가망은 없다는 것이다. 글을 쓰다가 멈춰서 자주 고치기를 거듭하면 글쓰기가 재미가 없고 탁월한 글은 나올 수 없다고 한다. 나도 같은 생각이다.

우리나라에서 책을 가장 많이 집필한 사람은 누구일까?

정답은 조선후기 실학자이자 저술가인 혜강 최한기 선생이다.

그는 중국에서 발행한 책들을 수입해 이를 연구하고 집필하는 데 평생을 바쳤다. 최한기 선생이 쓴 책은 1,000권이 넘는다고 한다. 그는 명예와 돈벌이에 상관없이 독서와 책쓰기에 몰두했다. 영의정이라는 높은 벼슬길도 마다하고 자신의 전 재산을 도서 구입과 연구에 쏟아부었다.

다독과 다작, 하면 빼놓을 수 없는 분이 다산 정약용 선생이다. 다산 선생은 18년 유배기간 동안 500여 권을 집필했다. 어떻게 그것이 가능했을까?

그 비결은 한마디로 말해 '과골삼천踝骨三穿'이었다. 내가 3년간 60권의 책을 출간한 비결도 그와 비슷한데, 공부에 집중한 나머지 복숭아뼈가 세 번 구멍이 났다는 이야기다.

중국의 공자로부터 비롯된 사자성어 중에 '위편삼절韋編三絶'이라는 말이 있다. 아마도 우리나라 사람들에게 과골삼천보다는 위편삼절이 더 많이 알려졌을 것이다. 독서와 공부에 몰두하다가 가죽 끈이 세 번 끊어졌다는 이야기다. 당신은 과골삼천과 위편삼절 중 어느 것이 더 처절해 보이는가?

다산 선생의 노력이 공자의 노력보다 더하면 더했지 결코 덜하지 않았을 것이다. 그 끈기, 집념, 열정, 노력, 에너지, 몰입, 기개는 가히 세계 최고라고 평가한다.

내가 3년간 60권을 출간한 비결은 다른 말로 하면 몰입이었다. 노력이며, 끈기이며, 열정이며, 기개였다. 몰입할 때 자신의 형편과 현실을 초월하는 힘이 나온다는 사실을 나는 실제로 경험했다. 심지어 무능함도 몰입을 통해 뛰어넘을 수 있었다. 백수였던 내가 책읽기와 책쓰기에 몰입했더니 내 현실을 뛰어넘어 놀라운 성과를 낼 수 있었다.

몰입은 그저 열심히 하는 것과는 차원이 다르다. 일 자체를 위해 열심히 하는 것과 일과 하나가 되어 자신의 모든 것을 바치는 것은 전혀 다른 결과를 만들어낸다. 많은 사람이 비범한 성과를 내지 못하는 이유는 그 일을 위해 일하기 때문이라고 생각한다. 비범한 성과를 내는 사람은 일 자체를 위해 일하지 않고 그 일과 하나가 되어 일한다.

몰입은 자신이 하는 일과 하나가 되는 것이다. 그 일에 미쳐야만 목표에 도달할 수 있다. 불광불급不狂不及이다.

책쓰기에 미치면
깨닫게 되는 것

대중에게 알려지면서 내게는 몇 가지 별명이 생겼다. 한 TV 프로에 출연하면서 '삼성맨에서 신들린 작가로'라는 별명이, 책을 출간하면서 '도기남' 즉 '도서관에서 기적을 만난 남자라는 별명이 생겼다. 내겐 모두가 특별하지만 그중 '도기남'이라는 별명을 좋아하고 재미있어 한다. 나는 그 별명처럼 도서관에서 기적을 만났고 그 기적은 바로 책읽기와 책쓰기다.

책읽기와 책쓰기 가운데 무엇이 더 중요하고 무엇을 먼저 해야 하는지 묻는 사람들이 있다. 그럼 나는 답하지 못해 우물쭈물한다. 왜냐하면 책읽기와 책쓰기는 다른 것이 아니기 때문이다. 둘은 한 몸이고 더 중요하고 덜 중요한 것이 없다.

책읽기와 책쓰기 중 무엇을 먼저 해야 하는가 하는 질문에도 나는 답하기가 곤란하다. 어쨌거나 내게 인생을 송두리째 바꿔준 핵폭탄급의 무기는 책쓰기였다. 책읽기가 태풍이라면 책쓰기는 쓰나미였다.

책쓰기가 인생을 바꾸는 가장 강력한 무기임을 나는 3년 동안 60여 권의 책을 출간하고 나서 깨달았다. 3년간 60권의 책을 집필하고 출간하는 것은 흔치 않은 일이다. 내가 조사해본 바로는 최근 2~3년간 50권 이상 출간한 사람은 우리나라에서 한 명도 없었다. 건국 이래, 2년간 50여 권의 책을 쓰고 3년간 60여 권의 책을 출간한 작가 또한 찾아볼 수 없었다.

대부분의 사람들에게 집필 또는 출간은 그림의 떡일 수 있다. 너무나 많은 사람이 한 권이라도 출간하려고 마음을 먹지만, 하염없이 세월만 보내는 경우가 허다하다. 그들에게 출판사와 출간계약을 맺고 출간한다는 것은 만리장성을 쌓는 일 만큼이나 힘들고 어려운 것인지 모른다. 왜 그럴까?

그 이유 중 하나가 책의 품질에 욕심내서 집필 기간을 무리하게 잡는 데 있다. 집필에 오랜 시간을 투자해서 책의 품질을 높이겠다고 생각하는 것이다. 하지만 그런 목표는 옳지 않다. 5년, 10년을 책한 권에 매달린다는 것은 어불성설이기 때문이다. 평생 한 권의 역작을 위해 매달린다는 작가들의 말은 잘 걸러 들어야 한다. 수십 년동안 다른 아무 일도 하지 않고 오직 책만 쓴다는 이야기가 아니기때문이다.

사마천司馬遷의 『사기史記』처럼 역사적 고증이 필요한 책, 혹은 박경리의 『토지』나 조정래의 『태백산맥』 같은 대하소설이라면 모를까, 대부분의 책은 집필 계획을 너무 오래 세우면 많은 시간을 낭비만할 뿐이다.

일반적으로, 작가들은 마감 날짜를 기준으로 글을 쓴다. 10년 안에 책 한 권을 낸다면 9년 6개월은 다른 일을 하다가 6개월 정도 남겨두고 집중해서 글을 쓸 수도 있다. 중요한 것은 독자들이 공감할주제를 찾는 일이며, 실제 집필 기간 동안 얼마나 몰입하느냐다.

나 같은 경우도 그렇다. 어떤 책은 5년 걸려 집필을 마치기도 하지만, 5년을 꼬박 그 책만 썼다면 그것은 거짓말이다. 집필을 시작해서 마친 기간이 5년이라는 말이지, 순수하게 집필에만 5년을 들이지는 않는다. 다른 작가들도 사정은 비슷할 것이다.

집필 기간이 빠르고 늦고는 사실 중요한 것이 아니다. 그것보다 중요한 것은 독자들의 공감을 끌어낼 책을 쓰는 것이다. 제아무리 공들여 작업한 책이라 해도 독자들의 공감을 끌어내지 못한다면 작가로서 인정받지 못한다. 출판사도 그런 작가와는 계약을 맺지 않을 것이다.

운이 좋으면 한두 권은 출간할 수 있지만, 지속적으로 수십 권을 쓰고 출간하는 것은 만만한 일이 아니다. 수십 권 이상을 쓰면 작가는 내공이 쌓이고 고정 독자층이 생길 수도 있다. 한번 베스트셀러가 되었던 작가들이 또다시 베스트셀러를 낼 확률이 높은 이유다.

처음부터 베스트셀러 작가인 사람은 없다. 나 역시 처음에는 공돌이 출신의 무명 백수에 불과했다. 그런 내가 한 해 동안 서른 곳이 넘는 출판사와 출간계약을 맺는 다작 작가가 되었다. 출간된 책 가운데 문체부 '우수도서'로 선정된 책도 있고, 몇몇 책은 2012~2014년 3년 연속 '국립중앙도서관에서 가장 많이 읽힌 책 TOP10'에 선정되기도 했다. 『김병완의 초의식 독서법』은 2014년 국립중앙도서관 자기계발 분야 1위로, 독자들에게 가장 많이 사랑받은 책이 되었다. 이것은 내 자랑이 아니다. 내 책 중에는 독자들에게 사랑받지 못하고 실패한 책이 훨씬 더 많다.

내가 특별한 사람이어서가 결코 아니었다. 그저 독자들에게 공감받을 만한 책을 쓴 것뿐이었다. 그 점만 기억한다면 당신도 충분히 베스트셀러 작가가 될 수 있다.

『김병완의 초의식 독서법』을 예로 좀 더 자세히 설명해보겠다. 이 책이 그토록 많은 사랑을 받은 이유는 주제의 독창성과 남다른 공부에 있었다고 본다. 초의식 독서법이란 다산 정약용 선생이 최고의 독서법이라 정의한 '초서 독서법'을 내가 현대인에게 맞게 해석한 것이다. 독서법에 관한 수많은 책이 있지만, 초서 독서법에 대해 쉽게 풀어낸 책은 없었다.

내 저서 중에는 베스트셀러보다 스테디셀러가 더 많은데 나는 그 점을 오히려 자랑스러워한다. 물론 실패한 책이 10배 더 많다. 꾸준히 독자들에게 사랑받는다는 것만큼 작가로서 뿌듯한 일은 없다.

위의 책 외에도 『48분 기적의 독서법』, 『나는 도서관에서 기적을 만났다』, 『김병완의 책쓰기 혁명』, 『공부에 미친 사람들』이 그런 경우다. 모든 책이 졸저임에도 독자들이 좋게 봐주는 것 같다. 이것도 운이 좋은 것 같다.

그렇게 3년간 60권의 책을 출간하면서 느낀 점은 '지금 이 시대에 살면서 책을 쓰지 않는 것은 인생 최대의 낭비'라는 사실이다.

인류 역사상 지금처럼 책을 쓰는 것이 쉽고 편한 시대는 없었다. 지금처럼 책쓰기의 위력이 강한 시대도 없었다.

내가 만약 20~30년만 일찍 태어났어도 나는 전문작가가 될 수 없었을 것이다. 이 시대를 사는 모든 동시대인에게 가장 추천하고 싶은 매력적인 직업이 바로 작가다. 이 시대가 주는 축복을 부디 한 사람도 놓치지 않기를 바란다.

3년간 200명의 작가를 배출하다

⚬⚬⚬

나는 5년 넘게 책쓰기 학교를 운영하고 있다. 책쓰기 학교는 한마디로 미래형 대학교라는 신념을 가지고 있다. 고품격 직업전문학교라고 생각해도 좋다. 다른 직종에서 평생 일하던 사람들이 인생의 이모작 혹은 삼모작을 위해 한 번도 해본 적이 없는 작가라는 업을 구할 때 도움을 줄 수 있는 전문가 양성학교 역할을 해야 한다는 사명감이 있다.

평생직장이 사라진 지 오래고 100세 시대가 현실이 된 지금, 안

타깝게도 인생 후반전을 준비하는 사람은 그리 많지 않은 것 같다. 인생 첫 직장을 얻기 위해 초등학교 때부터 대학 졸업까지 많은 시간과 돈을 투자하는 것과는 크게 대조되는 현실이다. 이에 책쓰기 학교는 인생 후반전을 준비하는 사람들에게 도움이 되고자 한다.

우리 책쓰기 학교가 하는 일을 좀 더 구체적으로 말하면, 작가가 되고자 하는 사람들에게 필요한 의식과 교양, 책읽기 능력과 책쓰기 능력을 전수해주는 일을 한다. 처음 1년간은 일대일 혹은 일대이 개인과외 형식으로, 작가로서의 내 경험과 노하우를 밀집 전수한다. 코칭 능력과 노하우가 향상됨에 따라 출판사와 출간계약을 맺는 수강생이 점점 많아졌고 책을 출간한 제자들도 점점 늘었다.

2015년 5월부터는 스텝 1명과 함께 강남에서 정식으로 책쓰기 학교를 오픈했다. 10평도 안 되는 작은 사무실이지만, 고정된 장소가 생기자 수업 방식에도 큰 변화가 생겼다.

수강생을 5~7명의 소수정예로 두어, 8주라는 짧은 기간에 혼자서 책을 쓸 수 있는 것을 목표로 두었다. 강의식 수업의 한계를 극복하고자 차례 작성법, 본문 문장 방적술, 프리라이팅 기법 등을 추가했다. 일주일에 1회 실습시간을 추가했고, 모든 수업에 실시간 피드백과 코칭을 추가하게 되었다. 2016년부터 수업에 참여한 모든 수강생에게는 일대일 코칭을 3~5회 무료 제공하고 있다.

자만하지 않고, 안주하지 않고 계속해서 커리큘럼과 수업 방식에 변화를 주면서 발전을 거듭하자 수강생들의 만족과 실력이 크게 향상되었다. 이는 2018년 10월 현재 우리 수강생들이 출간한 책이 200권 이상이 되는 성과로 드러났다.

우리 책쓰기 학교가 3년간 200명의 작가를 배출한 비결은 열정과 몰입이라고 할 수 있다. 수강생들은 전국에서 온다. 제주도에서도 여수에서도 부산에서도 울산에서도 온다. 심지어 미국에서도 온다. 미국에서 책쓰기 수업을 듣고 다녀가신 분이 지금까지 세 분 있었는데, 한 분은 플로리다에서, 다른 두 분은 부부 동반으로 LA에서 오셨다. 평일반도 운영하고 있지만 주말반 인기가 훨씬 높다. 덕분에 나는 지난 3년 동안 토요일을 제대로 쉬어본 적이 없다.

내가 책쓰기 코치를 하는 이유는 내 개인의 부와 명성 때문이 아니다. 여기에 아쉬움이나 후회는 없다. 책쓰기 수업을 통해 새로운 사람들을 만나고 또 다른 인생들을 배우며, 작가의 꿈을 이룬 수강생들을 보는 것만큼 내게 큰 기쁨과 희열을 주는 것은 없기 때문이다.

작가가 아닌 일반인들은 책 한 권 쓰는 데 몇 년, 혹은 몇십 년 걸릴지도 모른다. 나는 그들의 수고와 시간을 절약해주는 일을 한다는 점에 긍지와 사명을 가지고 있다. 수강생들을 나와 한 몸이라 생각해 그들에게 혼신과 열정을 다할 수 있는 것은 그런 이유에서다. 저녁 10시에 끝나는 수업을 새벽 4시에야 끝낼 때가 종종 있는 것 역시 그런 이유에서다.

세상에 공짜는 없다. 남과 다른 열정, 몰입, 에너지, 신념이 없다면, 절대로 남과 다른 성과를 이룰 수 없다. 책쓰기 코치를 염두에 두는 독자라면 이 점을 명심하기를 바란다.

최근 책쓰기 코치를 업으로 삼는 사람이 늘고 있는데, 이들에게 내 경험이 도움이 되길 바라며 다음과 같은 조언을 하고자 한다.

우선, 책쓰기 코칭은 책읽기와 책쓰기에서 비롯된 자연스러운 결과여야 한다는 것이다. 선불리 책쓰기 코치를 시작하는 것은 바람직하지 않다. 자칫 준비가 덜 된 코치에게서 배운 수강생들이 책쓰기 코칭에 대해 부정적인 선입견을 가지게 되면 책쓰기뿐만 아니라, 책 자체에 대한 부정적 사고가 퍼질 것이고 그 여파는 상상하기 어려울 것이다. 가뜩이나 얼어붙은 출판계에 찬물을 끼얹는 격이다.

내 경우만 하더라도 책쓰기 코치를 할 생각은 전혀 없었다. 3년간은 순수하게 독서에 빠졌고, 그 후 3년간은 오직 책을 쓰는 데 몰두했다. 그러다가 베스트셀러가 몇 권 탄생하면서, 책쓰기 노하우를 전수해달라는 독자들의 요구가 있었다. 그래서 한두 명 모아놓고 책쓰기 과외를 시작한 것이 책쓰기 학교가 탄생한 배경이었다.

60권 이상 출간 경험이 있었지만 막상 책쓰기 코치를 시작해보니 결코 쉬운 일이 아니었다. 책쓰기 코칭은 독서 경험과 출간 경험이 충분하지 않은 사람이 무턱대고 뛰어들 만큼 만만한 분야가 아니라는 사실을 명심하길 바란다.

왜 책쓰기가
위대한 행위인가?

책쓰기는 실로 위대한 일이다. 책쓰기는 평범한 인생을 놀랍도록 드라마틱하게 바꿔주는 힘이 있다. 책쓰기만큼 가성비 좋은 직종도 없다. 누구나 도전할 수 있지만 이처럼 쉽게 인생을 바꾸는 일은 흔치 않다.

우리 책쓰기 학교가 배출한 200명의 작가 중에는 책쓰기라는 것을 꿈에도 상상해본 적이 없던 평범한 직장인과 가정주부가 많고, 심지어 어린 대학생도 있다. 내 책의 독자에서 작가로 변신한 사람들이 적지 않다. 전국을 다니면서 강의를 하는 강사로 인생이 드라마틱하게 바뀐 사람들이 수십 명에 달한다.

책을 쓴다는 것은 과연 무엇일까? 책쓰기는 글쓰기와 비슷한 것 같지만 전혀 다른 것이다. 글쓰기는 필기도구를 가지고 무언가를 쓰는(혹은 치는) 행위다. 글쓰기가 문장을 쓰는 것이라면 책쓰기는 콘텐츠를 창조하는 행위다. 책쓰기는 글쓰기와는 차원이 다른 혁명적인 행위다.

글쓰기는 자신의 성장을 위한 것이다. 글쓰기를 통해 타인에게 무언가를 전달하고, 타인을 설득하고, 타인에게 감동을 줄 수 있다. 하지만 거기까지다. 반면에 책쓰기는 글을 통해서가 아니라 전체적인 콘텐츠로 자신뿐만 아니라 타인과 세상에 영향을 주는 행위다. 그런 점에서 책쓰기는 글쓰기보다 열 배 혹은 백 배 이상의 요소를 포함하고 있는 종합예술이다.

책의 위력은 상상을 초월한다. 책은 저자 한 사람의 인생을 바꾸는 것은 물론이고, 저자가 속한 사회와 민족의 정신까지도 바꿀 수 있다. 쉰 살이 된 공자에게 지천명知天命을 깨닫게 해준 것은 『주역周易』이라는 책 한 권이었고, 미국을 세계 1등 국가로 만든 것은 『성경The Bible』이라는 책이었다. 영국과 근대 일본을 초강대국으로 만든 것은 각각 새뮤얼 스마일즈Samuel Smiles의 『자조론Self-Help』과 후쿠자와 유키

치후쿠자와 유키치福澤諭吉의『학문을 권함學文のすすめ』이라는 한 권의 책이었다.

책을 쓰는 삶과 책을 쓰지 않는 삶은 비교할 수조차 없이 차원이 다르다. 내 인생도 책을 쓰기 전과 후로 크게 나눌 수 있을 정도다. 나뿐만 아니라 내가 3년간 배출한 200명의 작가들이 다 그럴 것이다.

한 권의 책을 쓴다는 것은 하나의 생각을 수백 번 다듬고 다듬어서 확장시키고 깊게 만드는 행위다. 그렇기에 책을 쓰는 과정을 통해 사람은 성장할 수밖에 없다. 사람은 성장한 만큼 그에 걸맞는 인생을 살게 된다. 책쓰기를 하면 인생이 달라진다는 것은 그런 까닭이다.

책쓰기는 인간이 하는 수천수만 가지 행위 중 가장 높은 곳에 위치한다. 독서 강국만 되어도 선진국으로 도약할 수 있는 기반이 되지만, 책쓰기 강국이 된다면, 그 나라는 분명 선진국이며 강한 나라일 것이다.

독서 후진국이던 일본은 전후 100년간 강대국으로 도약하기에 앞서, 먼저 독서 강국이 되었다. 우리나라는 독서의 양과 질에서 일본보다 많이 떨어지는 것이 사실이다. 우리나라가 늘 선진국 문턱에서 허덕이는 것도 독서 빈국이라는 사실에서 그 원인을 찾을 수 있다.

그렇다면 책쓰기 강국의 모델은 어디에서 찾을 수 있을까? 우선, 유대인들의 나라 이스라엘에서 책쓰기 강국의 모습을 엿볼 수 있다.

그 증거는 바로 『탈무드』다. 『탈무드』는 수천 년 동안 구전돼오던 율법과 조상들의 가르침을 2,000명 넘는 유대의 랍비와 율법학자들이 정리한 책이다. 이 책은 이스라엘이 외세의 침략에 자취를 감춘 뒤에도 유대인의 신앙과 민족정신의 원천으로 여전히 남았다. 유대인의 탁월한 교육과 경제 활동의 기반이 된 것이 바로 이 『탈무드』다.

또 다른 책쓰기 강국은 미국이다. 미국 하버드대학교의 설립 목적은 책읽기와 책쓰기를 잘 하는 성직자를 만드는 것이었다. 그것은 지금도 변함 없는 목표다. 책을 잘 읽고 잘 쓰는 사람이 리더가 되고 가장 발전적인 사람이라는 것을 하버드대학교는 처음부터 알고 있었다.

우리나라도 주변 강대국들에 뒤지지 않으려면 독서 강국을 넘어 책쓰기 강국으로 도약해야 한다. 우리 후손들에게 중국, 일본, 미국과 어깨를 나란히 하는 강대국을 물려주고 싶다면, 다른 무엇보다 책쓰기 강국을 목표로 나갈 필요가 있다.

읽히는 저서는
강력한 인생 밑천이다

⁘

책이라고 해서 다 같은 책이 아니다. 무늬만 책인 것이 세상에는 너무도 많다. 세상의 책을 둘로 나누면, 읽히는 책과 읽히지 않는 책으로 나눌 수 있을 것이다. 다른 식으로 말하면, 세상에는 독자가 있는 작가와 독자가 없는 작가가 있다. 나는 독자가 없는 작가에서 독자가 있는 작가로 건너온 경우인데, 이 역시 운이 좋았다. 쓰고 또 쓰면서 다작을 한 덕분이었다. 역시나 양이 질을 만드는 것일까?

아무튼 둘의 차이는 실로 엄청나다. 아무리 많은 책을 출간했어도 한 권도 제대로 읽히지 않는다면 그 누구의 인생도 달라지지 않는다. 겨우 한 권만 출간했어도 그 책이 많은 사람에게 읽힌다면, 많은 사람의 인생이 바뀔 수 있다. 게다가 저자 입장에서 읽히는 책은 그 무엇과도 바꿀 수 없는 인생 최대의 밑천이다.

인생을 살다 보면 누구나 작전타임이 필요한 때가 있다. 내게는 40대 때가 그랬고, 그때 나는 내 인생의 첫 번째 작전타임을 불렀다. 회사를 그만두고 책읽기와 책쓰기에 파묻혔던 그 5년이 바로 그런 시간이었다. 그 5년 후 모든 것이 달라졌다. 내 이름 석 자만 빼고 정말 모든 것이 달라졌다.

책쓰기 전과 후, 가장 큰 차이는 백수였던 내가 이제는 '작가님' '선생님'이라 불리는 것이다.

이제는 당신 차례다. 당신도 인생의 작전타임을 불러야 할 때가 왔다면 이 말을 기억하라. 잘 읽히는 책 한 권은 당신도 구하고 세상도 구할 것이다. 그저 그런 책이 아니라, '잘 읽히는 책 한 권'을 써야 한다. 읽히지 않는 저서는 아무리 많아도 소용이 없다.

우리 책쓰기 학교에 저서가 한두 권 있는 사람이 많이 찾아오는 이유도 그 때문일 것이다. 내공이 부족하다고 느껴지면 내공이 있는 사람에게 배우면 된다. 괜한 고집으로 시간과 에너지를 낭비하지 말라.

허영심과 자만심의 특효약, 쓰고 또 쓰라

내가 만약 책쓰기 코치가 되지 않았다 해도 나는 여전히 만나는 사람들에게 책쓰기를 적극적으로 권했을 것이다. 내 인생을 책쓰기만큼 그토록 강력하게 바꾼 무기는 없었기 때문이다. 나는 책쓰기의 힘이 얼마나 엄청난지를 수십 차례 경험해보았다.

내 이름 석 자로 출간된 책이 세상에 처음 나왔을 때, 그 환희와 기쁨은 이루 말할 수 없었다. 한편으로는 얼떨떨했다. 내 이름으로 된 책이 서너 권 더 출간되었을 때는 배우는 것과 느끼는 것이 사뭇 달라졌다.

내 책이 출간될 때의 느낌과 감동은 30권째가 다르고, 60권째가 또 달랐다. 출간된 책이 많아질수록 감동이 깊어지고 배우는 것도 점점 더 넓고 깊어졌다. 책쓰기에 대한 생각도 많이 달라졌다.

처음 한두 권 책을 내면 '나도 할 수 있구나'라는 자신감이 앞서면서 기고만장해진다. 그 한두 권이 제법 팔리고 많은 이들의 주목을 받게 되면 교만함이 하늘을 찌른다. 솔직히 이야기하면, 내가 그랬다. 세상을 다 가진 것 같았다. 허영심과 자만심이 가득해지는 그때가 작가로서 가장 위험한 순간임을 나중에야 깨달았다.

나는 책쓰기 학교를 운영하면서 한두 권의 저서가 사람을 그토록 기고만장하게 만든다는 사실에 놀란 적이 한 두 번이 아니다. 그렇다고 거기서 멈추면 그 사람은 평생 그 기고만장함에서 벗어나지 못한다. 그래서 더더욱 책을 썼다면 한두 권 출간하는 데서 그치지 말고 계속해서 써야 한다. 출간한 저서가 서너 권이 되고, 스무 권이 되고, 쉰 권이 될수록 처음에 느꼈던 기고만장함은 온데간데없고 한없이 낮아진다. 부풀었던 작가의 마음에서 점점 바람이 빠지면서 교만함이 점점 사라진다. 운이 좋으면 작가의 품격이 더욱 넓고 깊어질 것이다. 물론 샛길로 빠질 때도 있지만, 더 많은 책을 낼수록 제자리로 돌아올 확률이 높다.

112

벼가 익을수록 고개를 숙이듯, 책도 많이 출간할수록 작가는 겸손해진다. 이것은 자연스러운 현상이고 진리다.

20대 젊은이에게 성숙함을 기대할 수 없다. 초등학교를 졸업해야 중학교에 입학할 수 있고, 중학교를 졸업해야 고등학교에 진학할 수 있는 것처럼 책쓰기를 거듭해야 성숙함을 완성할 수 있다.

내 주변에 한두 권 책을 출간한 작가들이 200명이 넘는다. 출간을 기다리고 있는 작가들은 50명이 넘는다. 나는 그들에게 책을 쓰고 또 쓰라고 권한다. 책쓰기는 평생 성장하고 성숙하는 가장 훌륭한 수단이기 때문이다.

나 역시 책쓰기를 하지 않았다면 평생 철없는 '어른아이'로 살았을지 모른다. 지금도 많이 부족하지만, 책을 쓰고 또 쓴 덕분에 계속해서 성장하고 배우고 있다. 나는 운이 좋은 편이다.

책쓰기로
현대판 노예의 삶에서 벗어나라

불과 몇 년 전까지만 해도 책쓰기는 직업으로 인식되지 않았다. 내가 책쓰기를 시작할 때만 해도 그랬다. 책쓰기를 한다고 하면 대책 없는 사람이라고 수군대는 사람이 많았다. 매일 10시간씩 책을 쓴다고 해서 돈이 나오나, 쌀이 나오나? 어디서 월급을 주는 것도 아니지 않는가?

그러나 내게 책쓰기는 어느덧 새로운 직업이 되었다. 과거 대기업에 다니던 때와는 비할 수 없이 멋진 밥벌이가 되는 직업이다.

책쓰기의 성공과 실패를 경제적인 수입만으로 따질 수는 없다. 솔직히 밥벌이가 되지 못한다 해도 나는 책쓰기를 시작한 것을 후회하지 않을 자신이 있다. 왜냐하면 책쓰기는 내 사회적 신분을 근본적으로 바꿔주었기 때문이다.

옛날 신분사회의 잣대로 놓고 보면 직장인은 현대판 노예나 다름없다. 시간적, 정신적, 경제적 자유가 없다는 것이 노예라는 증거다. 나는 책쓰기 이후에 그 사실을 깨달았다. 내가 책쓰기를 통해 얻은 진정한 성공은 바로 현대판 노예에서 벗어났다는 것이다. 나는 이제 비로소 진정한 자유를 만끽하고 있다.

당신은 진정 자유로운가? 만약 당신의 자녀가 돌봄이 필요한 어린 나이에 홀로 미국에 유학 가야 하는 상황이고, 당신은 회사에 매인 처지라면 어떤가? 당신의 자녀는 영어도 서툰데 함께 동행해줄 사람은 아무도 없다. 그런 자녀를 14시간 넘게 비행기로 날아가야 하는 지구 반대편에 홀로 보낼 수도 없고, 당신이 회사에서 휴가를 낼 수도 없는 처지다. 그렇다면 정말 곤혹스러워진다.

그러나 당신이 전업 작가라면 이야기는 달라진다. 유학 기간 내내 자녀와 함께 있어주지는 못해도, 최소한 함께 비행기를 타고 가줄 수는 있다. 몇 달 동안 자녀와 함께 미국에서 거주할 수도 있고, 최소 몇 번은 왕래할 수도 있다. 그것이 작가의 삶이고 주인의 삶이다.

당신의 삶을 돌아보라. 한 번 뿐인 인생, 왜 그렇게 직장에, 일에, 관계에 매여서 살아야 하는지 회의적인가? 당신의 삶은 과연 자유로운가? 아니면 노예처럼 살고 있는가?

당신이 정말 가치 있는 중요한 일을 놓치고 있지 않은지가 그 판단 기준이 될 것이다. 만약 그런 일조차 하지 못하고 있다면, 당신은 노예의 삶을 벗어날 대책이 필요한 것인지도 모르겠다.

책쓰기의 곁가지에
눈독 들이지 말라

책쓰기를 돈벌이 수단이나 자기 사업의 마케팅 또는 홍보 수단으로만 생각하는 사람들이 있다. 이를 나쁘다고 볼 수는 없다. 게다가 마케팅과 홍보 면에서 책쓰기만큼 파급력이 강력하면서 부작용이 적은 것도 드물다. 그러나 처음부터 이를 염두에 두고 책을 쓰면 절대 그런 효과를 볼 수 없다.

독자는 바보가 아니다. 뼈를 깎는 심정으로 저자 자신의 과거와 현재를 거짓 없이 담아낸 진실한 책은 독자가 알아보고 사랑해주지만, 오로지 홍보와 마케팅만을 노리고 저자를 치장하는 데 급급한 책은 독자에게서 외면당한다. 그런 책은 역겨움만 일으킬 뿐이다.

책을 돈벌이로만 생각한다면 차라리 웹툰 작가가 되어라. 물론 웹툰 그리는 실력이 뛰어나다면 말이다. 웹툰 작가가 자신의 웹툰을 홍보와 마케팅 수단으로 이용하는 것은 가능하지만, 자신을 홍보하고 마케팅하기 위해 웹툰 작가가 되는 것은 불가능하다.

의사, 변호사, 구멍가게 사장, 강사, 아나운서, 방송인 등 어떤 직업이든 저서는 자신을 홍보하고 마케팅하는 강력한 힘을 발휘하는 것이 사실이다. 운이 좋으면 한 권의 저서로도 방송에 몇 번 출연하는 것 이상의 효과를 볼 수 있다. 일반인에게 방송국 문턱이 높은 현실을 볼 때, 방송 출연보다는 책쓰기에 도전하는 것이 홍보 면에서 훨씬 빠른 길인지도 모른다.

책쓰기를 통해 마케팅 효과를 가장 많이 본 사람 중 한 명이 바로 나다. 그래서 욕도 많이 먹었다. 그런데도 책쓰기가 홍보나 마케팅 수단으로 전락하는 것을 볼 때 마음이 몹시 아프다. 책쓰기의 본질은 부와 명예가 아니라 변화와 성장에 있다. 그런데 그런 본질은 묻히고 비본질적인 측면만 강조되는 현실이 책쓰기를 본업으로 하는 사람 입장에서는 가슴 아프고 속상하다.

책쓰기를 하면 우리는 하루하루 성장할 수 있다. 내면을 성찰하면서 생각이 깊어지고 날카로워지고 더 정확해질 수 있다. 바로 그런 생각의 변화에서부터 진정한 변화가 시작되고 더 나은 내일을 기대할 수 있다.

마케팅과 홍보 역할은 책쓰기가 안겨다 주는 수많은 유익한 부산물 중에 겨우 하나일 뿐이다. 큰 줄기에 비하면 아주 가냘픈 곁가지에 불과하다. 그런 곁가지에 눈독을 들이고 책을 쓰면 책쓰기가 주는 진짜 유익함은 결코 맛볼 수 없을 것이다.

책쓰기의 진짜 혜택은 어제와 다른 오늘을 선물로 준다는 것이다. 책쓰기는 '성장' 또는 '성공'이라는 말로 다 담을 수 없는 강력한 무엇을 당신에게 안겨줄 것이다.

21세기는 물건을 만들어 파는 비즈니스만으로는 한계가 있는 시대다. 지금은 의미와 가치, 감성과 공감, 경험과 스토리를 만들어 파는 시대다. 보이는 것보다 보이지 않는 것이 더 중요하고, 보이지 않는 의미와 가치가 더 값비싼 시대다. 책쓰기는 그런 21세기의 대표적인 상품이다.

21세기에 인기를 끌고 있는 새로운 가치에 주목해보라. 우주여행, 멋진 곳에서의 하룻밤, 멋진 추억, 색다른 배움과 체험이 값비싸게 팔리고 있다. 색다른 배움과 체험을 선사한다는 점에서 책쓰기도 21세기에 인기를 끄는 상품이다.

책쓰기 방법을 배우고, 직접 책을 써보는 체험, 출간기획서를 작성하고 매일 책을 집필하는 체험, 자신이 만든 원고를 출판사에 투고하고 계약하는 체험, 자신의 이름으로 된 책이 출간되는 체험. 이 모든 체험이 지금 가능해지고 있다.

이런 체험을 하기 위해 전국 방방곡곡에서뿐만 아니라, 해외에서도 사람들이 몰려오고 있다. 내 수강생 중 한 명은 미국 플로리다에 거주하면서 1년에 두 번 정도 2개월간 한국에 머물면서 내 수업을 들었다. 얼마 전 6주 수업을 끝내고는 한 출판사에 투고해 정식으로 출간계약을 맺었다. 믿기 힘든가? 나도 놀랍지만 이것이 현실이다.

우주여행, 미국여행도 충분히 멋진 추억을 만들어주지만, 책쓰기의 체험은 이와 비할 수 없는 것 같다. 책쓰기는 경험과 추억으로만 끝나지 않고 엄청난 결과물이 있기 때문이다. 책 한 권으로 자신의 인생이 바뀌고 타인의 인생과 여러 사람의 인생이 바뀔 수 있다는 점에서 책쓰기는 우주여행과 비할 수 없이 생산적이다.

책쓰기만큼 수지맞는 장사도 없다. 힘들게 좋은 대학교에 입학해서 4년간 다니면서도 배우고 성장할 수 있지만, 책쓰기는 험난한 입학 절차 없이 배움과 성장의 길을 무한정 제공한다. 비싼 등록금은 필요 없고 4년이 아니라 평생 그 길을 갈 수 있다.

요행을 바라지 말라,
서두르지도 말라

✎

내가 비밀 하나를 알려주겠다. 그 비밀은 세상이 아주 정직하고 정확하다는 것이다. 너무 당연한 이야기 같은가? 아니면 틀린 말 같은가?

솔직히 내가 그것을 비밀이라 깨닫고 시인하게 된 것은 그리 오래된 일이 아니다. 요행을 바라서는 안 되는 것이 세상의 원리다. 세상은 정확히 내가 지닌 내공만큼, 딱 그만큼의 성취만 안겨준다. 일시적으로 얻은 성공이나 부는 곧 제자리로 돌아가고, 딱 그만큼의 실패로 되돌아온다.

　요행이나 인맥, 혹은 비리나 부정부패로 지위나 부를 탐하지 말라. 그것은 언제 어떻게 무너질지 모르는 모래성이다. 당신은 당신의 인격과 실력과 내공에 준하는 인생밖에는 살 수 없다. 세상은 당신이 생각하는 것보다 훨씬 정확하고 정직하기 때문이다.

　수장선고水長船高라는 말이 있다. 물이 많아야 배가 높이 뜬다는 말로, 기본이 어느 정도 쌓여야 원하는 것을 얻을 수 있다는 의미다. 기본도 없는데 저 꼭대기만큼 성공하려고 욕심을 부려서는 안 된다. 출이반이出爾反爾, 즉 자신이 베푼 대로 돌아온다는 말도 기억하라. 내공이 없는 사람은 성공하지 못하고, 설령 성공한다고 해도 그런 성공은 오래 가지 못한다. 세상에 공짜는 없다.

　인생도 세상도 그와 같은 이치다. 성공에 욕심을 내고 조바심을 낸다면 성공은 더욱 더디게 찾아올 수 있다. 내가 바로 산 증인이다.

　나는 직장생활을 11년 가까이 했지만, 늘 하루하루 먹고살기 바쁘고 제자리걸음만 하던 수많은 일개미 중 한 마리에 불과했다. 그러던 내가 성공을 전혀 염두에 두지 않고 오로지 책읽기와 책쓰기에만 집중하자 어느덧 인생이 바뀌고 지금의 성공이 찾아온 것이다.

　내 인생을 바꾼 것은 1만 권의 책이 아니라, 하루하루 읽었던 한 권의 책이었다. 한 권이 모여 두 권이 되고 열 권이 모여 1백 권이 되었다. 처음부터 1만 권을 읽겠다고 작정한 것도 아니고, 한 권의 책을 소홀히 여겨본 적도 없다. 그렇게 1만 권을 읽었더니 어느덧 책쓰기 전문가로 인정받게 되었다. 앞으로도 내 인생을 바꿀 것은 과거에 읽은 1만 권의 책이 아니라, 지금 읽고 있는 한 권의 책이다.

당신도 지금 읽고 있는, 혹은 쓰고 있는 한 권의 책에서 시작하면 된다. 내공은 그렇게 해서 쌓이는 것이다.

오늘 하루를 낭비하면, 내일도 그렇게 되고, 평생 내공이 쌓이지 않을 것이다. 오늘 하루를 낭비하지 않고 오늘부터 차곡차곡 내공을 만들어나가면 1년 후, 3년 후의 당신은 엄청난 내공의 소유자가 될 것이다. 지금 읽고 있는 한 권의 책을 결코 소홀히 여기지 말라. 하루하루 꾸준히 책을 읽고 또 쓰라.

지금 당장 남에게 인정받을 욕심으로 아는 척, 읽은 척, 내공이 깊은 척하는 편법을 쓰지 말라. 하루하루 꾸준히 읽고 쓰는 것만이 당신이 내공을 쌓는 최고의 수단임을 기억하라.

10년 직장생활로도
채우지 못한 것

책쓰기는 내게 패자부활전과 같았다. 그럴 의도로 책쓰기를 시작한 것은 아니지만, 결과적으로 그렇게 되었다. 인생에서 실패한 자들이 재기에 성공할 수 있는 가장 쉬운 방법이 책쓰기라고 나는 감히 단언한다.

의사나 변호사가 되려면 엄청난 돈과 노력과 시간을 투자해야 한다. 최소 5년에서 10년 동안 경제적 수익 없이 오히려 투자만 해야 한다. 어느 정도 경제력이 뒷받침되지 않으면 사실상 도전하기 힘든 직업이다.

책쓰기는 돈이 없는 사람도 당장 시작할 수 있다는 점에서 매력적이다. 투자 대비 성과와 효과가 책쓰기만큼 높은 것은 찾아볼 수 없다. 나 역시 변변한 노트북 하나 장만하는 것이 부담스러웠던 가난한 시절, 폐기 직전의 노트북을 몇 푼 안 주고 사서 책쓰기를 시작했다. 겨우 타이핑만 가능한 노트북이었다.

그렇게 시작한 책쓰기는 내게는 한 줄기 빛과도 같았다. 한때 세상에 담을 쌓고 살던 나를 다시 세상 밖으로 나올 수 있게 해준 것이 바로 책쓰기였기 때문이다. 어떤 이유에서든 나처럼 세상과 담을 쌓고 있는 많은 이들에게 책쓰기가 구원이 될 것으로 확신한다.

내게 책쓰기는 용기의 씨앗이자 새로운 도전의 발판이었다. 책쓰기를 하지 않고 책읽기만으로 그쳤다면, 나는 어쩌면 지금도 백수 신세를 면치 못했을 것이다. 아는 것만 많은 무직자, 도서관에 콕 박혀 사는 '간서치(책만 보는 바보)'로 살고 있을지 모른다.

나는 한때 평생 책만 읽고 싶었다. 책은 내 삶의 도피처였다. 어쩌면 골치 아픈 현실을 잊게 해주는 수단이었는지도 모른다. 그러나 독서만으로는 온전히 사람 구실을 하기가 어려웠다. 지금이 조선 시대도 아니고 책만 읽는 가장은 이기적이고 무능력한 남편, 필요한 것도 사주지 않는 나쁘고 무능력한 아빠일 뿐이었다.

그런 부족함을 책쓰기가 채워주었다. 나는 책쓰기를 시작하면서 돈 벌어다 주는 아빠, 책임감 있는 가장 노릇을 어느 정도 하게 되었다. 이런 점에서도 책읽기의 최종 종착점은 책쓰기여야 한다. 더 많은 책을 읽기 위해서라도 책쓰기가 선행되어야 한다.

그런데 책쓰기를 시작한 뒤 독서를 등한시하는 사람들을 주변에서 많이 본다. 시간이 없다는 것이 이유다. 그러나 시간이 없다는 핑계만큼 거짓말도 없다. 시간은 없는 것이 아니라 내지 않는 것이다.

설령 책쓰기에 집중하느라 너무 바쁘다 해도, 책읽기를 소홀히 해서는 안 된다. 나 역시 하루에 서너 시간 이상은 반드시 책읽기와 책쓰기에 할애하려고 노력한다. 책을 쓰고 있는 지금 이 순간도 틈틈이 책을 읽고 있다. 60권을 출간했지만 나는 아직도 부족하고 배울 것이 많다. 더 많이 읽고 더 많이 쓰는 것밖에는 출구가 없다. 그 두 가지의 조합이 내 인생 최고의 공부이기 때문이다.

혜강 최한기 선생이 저술공덕著述功德이라고 한 것처럼 좋은 책을 써서 많은 사람을 일깨워주는 것이 내게는 최고의 공덕이라고 믿는다. 내가 쓴 책을 통해 단 한 사람의 인생이라도 바뀔 수 있다면 그것으로 내 몫은 다 했다고 본다.

작가인 당신이
걸어야 할 길

윌리엄 진서William Zinsser는 『글쓰기 생각쓰기On Writing Well』라는 저서에서 작가의 길을 제시하는 중요한 이야기를 했다. 그는 야구와 재즈에 관해 각각 다른 책을 썼는데, 각각을 야구의 언어, 재즈의 언어로 쓴 것이 아니라, 분야가 판이한 두 권을 자신의 언어로 썼음을 강조했다. 다른 말로 하면, 야구에 관한 '나'의 책, 재즈에 관한 '나'의 책이지 야구 책, 재즈 책이 아니라는 말이다.

당신이 무엇을 쓰든 작가가 팔 것은 당신 자신이다. 야구 책을 쓰든 재즈 책을 쓰든 그 책에는 작가의 목소리가 담겨야 할 이유다. 이는 우리 작가가 기억해야 할 중요한 사실이다. 어떤 분야의 책을 쓰건 당신이 할 수 있는 최선을 다해 당신이 평소에 구사하는 목소리로 들려주어야 한다.

당신이 어떤 직업이건, 남자건 여자건, 종교가 무엇이건 책쓰기를 할 때 기억해야 할 사실은 당신 고유의 것을 발견하고 그것을 자신 있게 책에 녹여내는 것이다. 그것은 문체의 문제일 수도 있고 세계관의 문제일 수도 있다. 당신이 책을 쓰는 것이지 책이 당신을 쓰는 것이 아님을 기억하라.

책쓰기가 지식인과 권력자들의 전유물인 시대는 지났다. 이제 책쓰기는 천하공물天下公物이 되었다. 책쓰기의 주인이 따로 없다는 이야기다. 당신도 책쓰기의 주인이 될 수 있고 또 되어야 한다.

책쓰기를 두려워하지 말라. 무언가 포장할 필요도 없다. 당신의 모습 그대로를 책에 드러내라.

선진국일수록 일찌감치 글쓰기 교육을 펼치고 있다. 고등학교까지 공교육에서는 물론이고 대학에서도 글쓰기를 집중적으로 가르치고 배운다. 글쓰기를 잘하는 집단과 못하는 집단의 소득 차이가 세 배 이상 난다는 연구 결과도 있다. 송숙희 선생은 『당신의 글에 투자하라』에서, 미국은 에세이가 대학 입학을 좌지우지할 만큼 글쓰기 능력 평가에 높은 비중을 둔다고 한다. 나는 대학교까지 16년 동안 글쓰기를 제대로 배워본 적이 없는데 말이다.

지금보다 더 많은 사람이 책쓰기를 시작할 필요가 있다. 책 쓰는 사람이 많아지면 책 읽는 사람도 많아질 것이고 위기에 놓인 출판 시장은 다시 활기를 되찾을 것이다. 그러면 더 좋은 양서들이 쏟아지는 선순환이 시작될 것이다.

책을 읽고 쓰는 사람이 많아진다는 것은 국민의 지적 수준이 높아진다는 이야기다. 이는 국가 경쟁력과도 직결되는 문제다.

군사력만 비대해져서는 결코 강대국이 될 수 없다. 국민들의 지적 수준이 발달하고 사고방식이 성숙하는 등 사회적 수준도 균형 있게 발달해야 강대국이라 할 수 있다. 그 힘은 책읽기와 책쓰기가 바탕이 될 때 길러질 것이다.

책쓰기는 이제 선택이 아니라 필수다. 누구나 독서를 하듯 누구나 책을 쓸 수 있는 시대다. 책쓰기가 보편화되어야 독서도 더욱 활성화된다. 당신 자신을 위해서도, 국가의 발전을 위해서도 책쓰기를 더는 미루지 말라.

당신을 세상에 알리는
가장 효과적인 수단

송숙희 저자는 『당신의 책을 가져라』라는 저서에서, 사람들이 바쁘다고 아우성치면서도 돌아 앉아 책을 쓰는 이유를, 책쓰기가 가장 값싸고 가장 빠르며 가장 효과적인 자기 마케팅 수단이기 때문이라고 주장한다.

나도 그 말에 공감한다. 저마다 책을 쓰는 동기는 다르겠지만, 책을 통해 자기를 홍보하고자 하는 것만은 틀림없는 사실이다. 홍보든 마케팅이든 자기를 알려 자신의 가치를 올리고자 책을 내는 것이다.

이는 부인할 수 없는 사실이고 결코 나쁜 의도가 아니다. 세상에 자신의 존재가 알려진다는 것은 엄청난 일이다.

책을 내면 싫든 좋든 저자와 책은 세상에 나오게 된다. 이는 엄청난 일이다. 박원순 서울시장과 안철수 전 국회의원의 공통점이 있다면 바로 책쓰기를 통해 세상에 알려지고 현재의 위치까지 올랐다는 사실이다.

나 역시 의도하지 않았지만, 내 이름으로 된 책이 출간되면서 상상하지 못했던 일들이 펼쳐지기 시작했다. 가장 큰 변화는 세상이 나를 알아주면서 전국 방방곡곡에서 강연 요청이 빗발친 것이었다. 경상도, 전라도, 제주도, 강원도 등등 내가 한 번도 가보지 못했던 곳에서 나를 찾아주었다. 그게 다 내가 출간한 책의 위력이었다.

한번은 중국의 한 대학교수가 나를 찾아왔다. 서울대학교 교환교수로 잠시 서울에 체류 중이던 그분은 내 책의 중국어 번역판을 읽고 감동을 받았다고 한다. 정말 놀랍고 감격스러운 순간이었다. 책은 국경을 초월해 저자를 알리는 힘이 있음을 깨닫는 순간이기도 했다.

책은 국경뿐만 아니라 시대도 초월해 저자를 홍보한다. 저자는 죽어도 책은 산다. 『금오신화』라는 책이 없었다면 우리가 어떻게 그 저자인 김시습 선생을 알 수 있겠는가? 아무리 김시습 선생이 위대한 인물이었다 할지라도 책을 쓰지 않았다면, 지금의 우리가 그분을 이해하기는 어려웠을 것이다.

『아프니까 청춘이다』를 쓴 김난도 교수도 "우리가 한비야 씨를 알게 된 것은 책을 통해서"라고 했다. 만약 한비야 씨가 자신의 글 솜씨가 형편없어서 출간할 엄두를 내지 못했다면, 그분은 한낱 전 세계를 떠도는 여행객에 지나지 않았을지도 모른다고 하면서 말이다. 진정한 봉사가 한비야 씨를 만들었다면, 한비야 씨를 우리에게 알린 것은 글쓰기임을 김난도 교수는 강조한다. 또한 소설가들뿐만이 아니라, 우리에게 가장 필요한 능력이 글쓰기 능력이라고 덧붙인다.

자신을 세상에 홍보하고 마케팅하는 것에 거부감을 갖지도, 두려워하지도 말라. 당신의 삶의 목적이 무엇이든, 이를 달성하기 위해 자신을 홍보하고 마케팅하는 능력은 이 시대에 필수다. 그리고 자신을 홍보하고 마케팅하는 최고의 수단은 바로 책쓰기다.

책은 최고의
성공비결이다

❧

    내가 존경하는 저자 장하늘 선생은 『글쓰기 표현사전』에서 문장술은 현대인의 필수과목이며, 글짓기는 교양의 제1조라고 주장한다. 시인이 아니더라도, 작가를 지망하지 않더라도 현대인은 글로써 자신의 생각과 아이디어를 표현할 줄 알아야 하고, 글로 자신의 생각과 아이디어를 표현하는 능력은 자기창조의 첫걸음이라고 강조한다.

    글짓기에서 한 걸음 더 나아가 책쓰기는 이 시대가 낳은 최고의 성공 수단이다. 나 역시 책쓰기를 하지 않았다면 지금처럼 성공하지 못했을 것이다. 책쓰기는 특히 학벌과 스펙이 없는 사람들에게 가장 좋은 성공의 지름길이다. 책쓰기에 인맥이 필요한 것도 아니고 의사, 변호사, 회계사처럼 전문자격증이 필요한 것도 아니다. 심지어 IQ가 낮아도 책을 쓸 수 있다.

3년간 자격증 공부에 매진한다고 해서 시험에 합격한다는 보장은 없다. 그러나 책쓰기 3년이면 정말 놀라운 일이 벌어진다. 3년간 책쓰기를 했다는 것 자체로도 이미 큰 성장을 이룬 셈이다. 왜냐하면 책쓰기는 창조적인 행위이기 때문이다.

책쓰기는 세상에 없던 것을 만들어내어 문장으로 표현하는 행위이다. 문장력과 표현력 향상은 책쓰기가 가져다주는 보너스다. 설령 책이 출간되지 않더라도 책 쓰는 능력과 기술이 진보하고, 사고력과 분별력 및 통찰력이 크게 향상된다. 공부는 우리를 배신하지 않는다는 말이 있지만, 책쓰기는 공부보다 한 수 위에 있다.

과거에는 의사나 판검사가 되는 것이 확실한 성공의 길이었다. 그러나 지금은 의사도 판검사도 대학교수도 방송인도 책을 쓰려고 아우성이다. 그것이 확실한 성공의 길이기 때문이다. 당신이 무슨 직업이든 책쓰기를 해야 가장 확실한 성공의 길을 걸을 수 있다. 책쓰기를 한다고 해서 100% 성공한다는 보장은 없지만, 책쓰기를 하지 않는다면 그만큼도 성공할 수 없음을 기억하라.

책쓰기는
평생 공부의 최고봉이다

인간은 죽을 때까지 공부해야 하는 존재다. 수많은 선택의 연속인 인생을, 공부하지 않고 제대로 살아낼 만큼 똑똑하고 현명한 사람은 없다. 급변하는 세상 이치를 꿰뚫어보고 시시각각 올바른 선택을 하려면 늘 배우고 공부할 필요가 있다.

그렇다면 우리는 무엇을 공부해야 할까? 대학 입시를 위해, 자격증을 위해, 영어회화를 배우고 IT 기술을 익히는 것만이 공부는 아니다. 우리는 혼란스러운 세상에서 질서를 찾고 올바른 신념을 가지는 법을 배워야 한다. 세상과 자기 자신을 똑바로 바라볼 줄 알아야 한다. 우리가 필요한 진짜 공부는 바로 그런 것을 배우는 것이다.

잭 헤프론Jack Heffron은 『맛있는 글쓰기의 길잡이The Writer's Idea Book』에서 우리는 글쓰기를 통해 혼돈에서 질서를 찾고, 자신의 신념과 가설의 진위를 시험하며, 눈과 마음을 열고 세상을 똑바로 바라보게 된다고 이야기한다. 글을 쓰면서 자기 자신과 세상을 직시할 수 있고 세상의 진실을 용기 있게 종이에 옮길 수 있다고 말이다. 정말 맞는 말이다.

학교에서 배우는 공부는 취업과 사회생활을 위한 기초 작업일 뿐 진정한 공부라고 할 수 없다. 인생을 제대로 살아가게 해주는 통찰력, 사고력, 판단력, 결단력, 행동력을 키워주는 공부가 진짜 공부다. 그런 공부는 학교를 졸업한 후 평생 해야 한다. 아무도 대신해줄 수 없고 스스로 해야 한다.

우리는 공부한 만큼 세상을 꿰뚫어보는 통찰력과 올바른 신념을 가질 수 있다. 그래야 올바른 선택을 할 수 있고, 올바른 선택을 해야 인생을 올바르게 살아갈 수 있다. 공부하지 않으면 인생을 망칠 수도 있다. 인생의 길을 잘못 들어서서 후회한들 무슨 소용이 있겠는가? 목표도 사명도 없이 본능적인 욕구만 좇는 삶에 진정한 만족은 없다.

그렇다면 최고의 공부는 무엇일까? 나는 책쓰기라고 생각한다. 책쓰기는 세상의 본질과 이치를 발견할 수 있게 해준다. 삶을 성찰하게 하고 세상을 직시하게 해준다. 그리하여 세상의 감추어진 이치를 자신의 삶에 적용하게 해준다.

그런 공부를 하는 사람은 흔들림이 없다. 독서를 하건, 책쓰기를 하건, 출세와 부에 집착하는 사람은 자신도 망치고 세상도 망친다.

권모술수로 사람을 이용하고 착취하는 얄팍한 책들은 읽으려고도, 쓰려고도 하지 마라. 독서든 책쓰기든 먼저 자신을 바로세우는 것이 목표가 되어야 한다. 자신의 마음과 정신을 바로 세우는 책읽기와 책쓰기가 제대로 된 공부다.

책이라고 해서 다 같은 책이 아니다. 주식과 부동산 등 재테크 책만 읽는 것은 경계할 필요가 있다. 당신이 읽은 책이 당신의 삶의 격과 질을 결정한다는 사실을 기억하라. 좋은 책을 많이 읽은 사람은 좋은 인격을 소유하게 된다. 좋은 음식이 건강한 몸을 만드는 것과 같다. 좋은 책을 많이 읽어야 어리석음에서 벗어날 가능성이 높고, 좋은 책을 쓸 수도 있게 된다.

진짜 공부는 한번 공부했다고 끝나지 않는다. 세상은 지금 이 순간도 변화하고 있기 때문에 공부의 손을 놓아서는 안 된다. 남들보다 더 많은 돈을 벌었다고 해서, 출세했다고 해서 해결될 일이 아니다. 지금 당장 돈이 없고 출세하지 못했다 해도 인생의 길을 제대로 들어서서 명확한 목표와 사명을 향해 가고 있다면, 이는 하루하루 성장한다는 이야기다. 성장하는 사람의 미래는 밝지만, 정체된 사람의 미래는 밝지 않다.

당신은 지금 꾸준히 공부하고 있는가? 이 질문에 대해 꾸준한 책 읽기와 책쓰기가 답이 되어줄 것이다.

인생을
두 배로 사는 법

~~~

작가로 산다는 것은 엄청난 특권이며 축복이다. 평생을 작가로만 살아온 사람도, 작가가 되어본 적 없는 사람도 이를 잘 알 수는 없을 것이다. 10년 넘게 직장인이었다가 작가의 삶으로 전향한 나는 누구보다 이 사실을 뼈저리게 느끼고 있다.

작가가 되면 좋은 점 중에 한 가지가 인생을 좀 더 폭넓게 경험하며 살게 된다는 것이다. 같은 10년을 살아도 인식의 폭과 사고의 깊이가 다르다. 누구는 책 한 권 분량도 안 될 만큼 사고가 빈약한

반면, 작가들은 여러 권을 거뜬히 채울 만큼 사고의 층이 두텁고 깊다. "작가는 인생을 두 배로 살아가는 사람"이라는 나탈리 골드버그 Natalie Goldberg의 말처럼 말이다.

나탈리 골드버그는 세기의 역작 『뼛속까지 내려가서 써라Writing Down the Bones』에서, 작가는 매일 출근하기 위해 넥타이를 매는 일상생활 이면에 모든 것을 다시 곱씹는 두 번째 인생을 산다고 한다. 작가는 글을 쓰기 위해 자리에 앉을 때마다 자신의 인생을 다시 들여다보고 그 모습을 면밀하게 음미한다고 말이다. 과연 놀라운 통찰력이다. 작가는 작가가 아닌 사람보다 세상을 두세 배 더 밀도 있고 깊게 살아갈 수 있다.

작가는 다른 말로 하면, 무언가를 계속 쓰는 사람이다. 무언가를 계속 쓰려면 계속해서 사고해야 하고, 자신의 삶과 주변을 끊임없이 탐색하고 관찰해야 한다. 남들이 보면 일도 하지 않고 매일 노는 것처럼 보이지만, 작가는 누구보다 더 의미 있는 일을 한다. 인생을 남들보다 두 배로 산다.

작가는 자신의 인생을 타인에게 노출하는 사람이다. 작가의 삶이 빈약하면 책의 소재도 빈약해질 수밖에 없는 이유다. 셰익스피어도 젊었을 때 다양한 직업을 경험한 덕분에 남이 쓸 수 없는 이야기를 들려줄 수 있었다. 작가의 인생이 좀 더 풍성하고 폭넓어야 하는 이유다.

다양한 경험이 있는 사람이 작가로서 성공하기에 훨씬 유리하다. 그렇다고 나쁜 짓을 경험해보라는 말은 아니다. 평생 살아도 다 경험할 수 없는 즐겁고 행복하고 유익한 일들이 세상에는 너무나 많은데 굳이 나쁜 짓을 경험할 필요가 없다. 자신을 행복하게 하고 세상을 유익하게 하는 일만 골라서 경험하라.

그래서 작가에게는 용기라는 기질이 필수다. 용기가 없다면 아무것도 도전하지 못한다.

책쓰기는 늘 도전하고 고민하고 성찰하고 사색하는 것이 필요한 일이다. 책읽기는 수많은 간접 경험을 제공해준다. 인생을 풍요롭게 사는 데 책읽기와 책쓰기가 필수인 이유다.

출세보다
더 눈부신 인생을 꿈꾸라

⟨⟨◦⟩⟩

내가 사람들에게 책쓰기를 권하면 "인생 뭐 있어?"라며 콧방귀를 뀌며 돌아서는 사람들이 종종 있다. 삶은 운명이라는 나름의 소신 때문인 것 같기도 하지만, 대부분은 달라질 것 없는 자신의 인생에 대한 절망을 표현하는 것이다. 너무나 평범해서, 아니 너무나 보잘것없는 인생이라 그냥 이대로 사는 것도 감지덕지라는 것이다.

그런 사람일수록 더더욱 책쓰기를 시작해야 한다. 자신의 삶이 너무나 평범하고 보잘것없다고 생각할수록 책쓰기만이 유일한 희망이기 때문이다. 내가 만약 지금도 직장에 다니고 있다면, 지금 내 인생은 어떤 모습일까? 정확히는 모르겠지만, 지금보다 훨씬 초라한 모습일 것은 분명하다. 그야말로 내 인생은 책쓰기 덕분에 출세하고 성공했다.

책쓰기를 통한 출세를 어떻게 받아들여야 할까? 공부를 그저 출세의 수단만으로 여긴다면 공부도 잃고 자기 자신도 잃는다고, 약 200년 전 다산 정약용 선생은 충고했다. 책쓰기는 평생 공부의 최고봉인데 이를 출세의 발판으로 삼다니 너무 속물 같은가?

출세를 목적으로 한 책쓰기는 당연히 경계해야 하지만, 책쓰기를 통해 자연스럽게 찾아온 출세와 성공은 굳이 마다할 필요가 없다. 왜냐하면 출세해야 세상에 자기 목소리를 낼 수 있고 세상을 변화시킬 선한 영향력을 발휘할 수 있기 때문이다. 작가 개인으로 볼 때도, 성공과 출세를 통해 좀 더 큰 세상을 경험하고 성장할 수 있다.

영국의 철학자 프랜시스 베이컨Francis Bacon은 "아는 것이 힘"이라고 했다. 책쓰기는 앎을 획득하는 최고의 공부다. 힘이 있으면 타인에게 당하지만은 않는다. 이리 치이고 저리 치이는 인생이 아니라 눈부신 인생을 살아갈 수 있다.

눈부신 인생이란 무엇일까?

미국의 심리학자 매슬로Abraham Harold Maslow의 욕구 단계 이론으로 말하면, 인간의 8가지 욕구를 모두 충족한 삶을 눈부신 인생이라 할수 있다. 특히 매슬로는 말년에 이르러 여덟 번째 자아실현의 욕구위에 초월 욕구를 추가했는데, 초월 욕구란 다른 말로 하면 지적인욕구, 이해의 욕구라 할 수 있다. 인간은 의식주가 해결되고 자아실현의 욕구가 충족되어도, 끝끝내 지적인 욕구가 충족되지 않으면 욕구 불만인 채로 생을 보내게 된다. 그런 인생을 눈부신 인생이라 할수 없다.

그래서 공부는 청년보다 중년, 중년보다 노년에게 좀 더 필요하다. 책쓰기도 중년과 노년에 더욱 필요하다. 중년과 노년에 이르러제아무리 사회적으로 인정받고 부동산을 몇 채 소유한다 해도 공부하지 않으면, 생을 욕구 불만 가운데 끝내게 된다. 생을 만족스럽게떠나보낼 수 있는 최고의 수단은 바로 책쓰기다.

전문가로 인정받는 가장 쉽고 빠른 길

어떤 분야를 막론하고 전문가로 도약하려면 그 분야의 전공서적을 500권 이상 읽어야 한다고 생각한다. 몇 년 전까지만 해도 100권만 읽어도 전문가라 인정받을 수 있었다. 그러나 하루에도 수백 권의 신간이 쏟아져 나오는 지식 폭발의 시대인 지금, 100권은 전문가라고 인정받기에는 턱없이 부족하다.

그런데 평범한 직장인들이 어느 세월에 500권을 읽을 것인가? 10년이 걸려도 결코 쉽지 않은 일이다. 그렇다면, 어떻게 해야 할까?

책쓰기가 가장 쉬운 대안이 될 수 있다. 한 권이라도 자기 저서가 있으면 500권의 책을 읽은 것만큼의 효과를 충분히 볼 수 있다. 실제로 책쓰기를 통해 전문가로 인정받고 퍼스널 브랜딩을 제대로 구축한 사람들이 적지 않다. 위대한 업적을 이룬 사람, 잘난 사람, 재주 있는 사람만이 책을 쓰는 시대는 지났다. 지극히 평범하고 잘난 것 하나 없는 사람이 책을 써서 독자들에게 사랑받고, 전문가로 인정받는 일이 한국사회에서는 비일비재하다.

자기 이름으로 된 책 한 권이 때로는 하버드대학교 졸업장보다 더 큰 도움이 되는 시대가 바로 지금이다. 하버드 졸업장이 있다고 해서 저절로 돈이 들어오는 일은 없지만, 잘 쓴 책 한 권은 꼬박꼬박 인세를 가져다준다. 얼마나 꿈같은 이야기인가?

물론, 모든 작가가 많은 인세를 받는 것은 아니다. 그러나 한 권의 책이 가져다주는 혜택을 인세만으로 논할 수는 없다. 잘 팔리는 책의 파급 효과는 실로 어마어마하다. 나는 그 효과를 몸소 경험했고 그런 경험은 현재진행중이다.

책쓰기가 선사해주는 짜릿함과 마법 같은 선물은 일일이 설명할 필요가 없다. 당신이 직접 경험해보라. 분명한 사실은 책쓰기만큼 빠른 시일 내에 당신을 확실한 전문가로 만들어주는 일은 없다는 것이다.

책쓰기에 관해 바로잡아야 할 고정관념

누구나 책을 쓰는 이 시대는 한마디로 작가 평준화 시대라고 할수 있을 것이다. 글 잘 쓰는 사람이 특권을 누리는 시대는 이미 과거가 되었고, 이제는 글을 잘 쓰지 못하면 손해 보는 시대가 되었다. 이제 책은 지식과 정보의 전달에 그치지 않아서, 삶을 나누고 기쁨과즐거움을 전달하며, 인생을 풍요롭게 해주는 도구가 되고 있다.

그런데 책쓰기 수업을 하다 보니, 책쓰기에 관해 몇 가지 잘못된고정관념이 만연한 것 같다. 그중 가장 뿌리 깊은 고정관념 중 하나는 책을 쓰는 기간과 자료 수집에 관한 것이다.

책을 쓰는 기간이 오랠수록 좋은 책을 쓸 수 있을 것이라는 믿음은 터무니없는 편견이다. 마찬가지로, 자료 수집에 많은 시간과 노력을 들일수록 더 좋은 책이 만들어질 것이라는 생각도 편견에 불과하다.

자료 수집보다 더 중요한 것은 매일 쓰는 습관이다. 매일 자료만 수집하는 사람과 매일 책을 쓰는 사람 중 누가 더 훌륭한 작가가 될 수 있을까? 매일 책을 쓰는 사람이 결국에는 승자가 된다. 당연한 일이다.

매일 책쓰기가 부담스럽다면, 책을 쓴다고 생각하지 말고 초서抄書를 한다는 생각으로 책쓰기에 접근하는 것이 좋다. 책쓰기를 막 시작했다면, 일단 10분만 책쓰기에 투자한다는 가벼운 생각을 가져라. 시작부터 지치면 작심삼일이 되기 십상이다. 그런 가벼운 생각으로 시작하면 아마 10분이 지나도 의자에서 일어날 수 없을 것이다. 그렇게 10분이 30분이 되고, 30분이 1시간이 된다.

시작은 가볍게 해야 하고, 매일 실천할 수 있는 목표를 잡아야 한다. 초보 작가에게는 '하루 10분 책쓰기'라는 목표가 제격이라고 생각한다.

책쓰기에 관해 또 다른 잘못된 고정관념이 있는데, 한번 쓴 책은 영원히 남을 것이라는 생각이다. 많은 면에서 미흡한 시절에 쓴 책이 영원히 자신의 발목을 잡을 것이라는 두려움 때문에 "나 같은 사람이 무슨 책이야?"라며 아예 마음을 접는 경우가 많다.

그러나 그것은 오해다. 물론 책이라는 물질은 이 세상 어딘가에 영원히 존재할지도 모른다. 하지만 그 책을 읽어주는 독자는 짧게는 몇 달 후, 길게는 몇 년 후 완전히 사라질 것이다. 독자가 없는 책은 사실상 운명을 다한 것이다.

따라서 책쓰기에 대해서 너무 거창한 의미를 부여할 필요는 없다. 책이란 그저 활자가 인쇄된 물건에 불과하다고 생각하라. 그러다가 이 세상에 영원히 살아남을 고전이 될지 누가 알겠나?

무엇을
쓸 것인가?

책쓰기는 크게 '무엇을 쓸 것인가?'와 '어떻게 쓸 것인가?' 두 영역으로 나눌 수 있다. '무엇을 쓸 것인가?'에 대한 해답을 얻으려면 자신의 삶과 세상에 대해 깊이 성찰할 필요가 있다.

무엇을 쓸 것인지에 대해 확실한 콘텐츠나 주제가 없다면, 브레인스토밍brainstorming을 활용해보라. 대략 1시간 정도, 자신의 생각을 의식하거나 평가하지 말고, 책의 주제가 될 만한 것들을 프리라이팅free writing 기법으로 자유롭게 쏟아내는 것이다.

1시간 정도 브레인스토밍을 하면 보통 50개 이상의 주제가 나온다. 이 주제들을 모두 통합하면 하나의 큰 주제를 만들 수 있다. 바로 그 주제가 당신이 쓰고 싶은 책의 주제일 확률이 높다.

책의 주제를 찾았다고 해서 바로 책쓰기에 돌입해서는 안 된다. 책쓰기에도 지켜야 할 순서와 방법이라는 것이 있기 때문이다.

책쓰기의 순서

먼저, 책의 주제를 찾는다. 그다음 그 주제에 따라 전체적인 구상을 하고, 그런 다음 책 구성을 짠다. 구성의 대표적인 예가 차례 작성이다. 차례를 작성한 뒤 본문을 쓰기 시작한다.

주제 선정 → 전체적인 구상 → 차례 작성 → 본문 쓰기

본문을 쓰기 시작한 다음 해야 할 일은 출간기획서를 작성하는 것이다. 본문 쓰기를 시작하는 단계에 출간기획서를 작성하는 것이 핵심이다. 왜 그럴까?

출간기획서를 작성하면서 저자는 1차 독자와 기획 의도, 비교도서 분석 등 디테일한 사항을 분명히 정리할 수 있기 때문이다. 요컨대, 출간기획서 작성은 책의 콘셉트를 정확히 잡는 데 큰 도움이 된

다. 콘셉트가 애매한 상태에서 책쓰기를 시작하면 나중에 후회할 일이 많아진다. 원고를 되돌리기에는 감당하기 힘든 수준에 이르러, 책의 퀄리티를 포기하는 불상사가 발생할 수도 있다. 저자 자신조차 자기 책의 콘셉트를 잘 모른다면, 하물며 그 책의 독자는 어떻겠는가?

의욕만 앞세우지 말고 전략과 계획, 분석과 구상을 철저히 하라. 그것이 바로 콘셉트를 잡는 작업이다. 콘셉트를 잡은 다음 본격적으로 본문을 쓰라.

본문을 쓸 때와 콘셉트를 잡을 때는 철저히 다른 사람이 되어야 한다. 콘셉트를 잡을 때는 논리적이고 이성적인 사람이 되어야 하고, 본문 쓰기를 할 때는 감성적이고 직관적인 사람이 되어야 한다. 작가는 자기 내면의 이 야누스를 시시때때로 잘 드러낼 줄 알아야 한다.

'무엇을'보다 '어떻게'가 더 중요하다

⁓⁓⁓

'세상의 모든 작가는 엔터테이너'라는 프레드 화이트[Fred White, The Daily Writer]의 말에 나는 전적으로 동의한다. 논픽션 작가라 해서 예외는 아니다. 작가는 독자의 흥미를 책임져야 하는 사람이다. 따라서 사실적 정보만 나열하는 데 급급하지 말고, 흥미로운 이야기로 정보 전달력을 높이고 독자를 흥미롭게 끌어야 한다. 요컨대, 무엇을 쓰느냐보다 어떻게 쓰느냐가 더 중요할 수 있다.

따분한 주제라 해도 어떻게 쓰느냐에 따라 환상적인 책으로 탈

바꿈하는 경우가 비일비재하다. 아무리 흥미로운 주제라 할지라도 사실 나열에만 그치는 글은 영 따분해서 계속해서 읽기가 힘들어진다. 독자의 인내심을 테스트하지 말라.

나 역시 책쓰기 수업을 통해 평범한 주제를 매력적이고 흥미로운 주제로 바꾼 경우가 많았다. 그럴 때마다 책쓰기는 주제도 중요하지만, 더 중요한 것은 따로 있다는 사실을 재확인하게 된다.

재미있고 위대한 소설을 보라. 모두가 극적인 효과를 주는 시나리오의 형태로 재탄생된 것을 알 수 있다. 셰익스피어의 소설만 봐도 내용이 완전히 새로운 것은 아니었다. 이전에 이미 널리 알려진 내용을 가지고 셰익스피어가 자신만의 스타일로 재구성해 독자들에게 전달함으로써 새로운 반향을 얻은 작품이 대부분이다.

책은 어떻게 쓰느냐에 따라 독자들이 느끼는 것은 천차만별이다. 독자들이 스토리텔링에 열광하는 것도 그 내용 때문만은 아니다. 스토리텔링만의 재미있는 방식이 흥미를 일으키는 것이다.

프리라이팅은
책쓰기의 마중물이다

책쓰기를 시작하는 이들의 가장 큰 고민은 매일 책상 앞에 앉을 수는 있다지만, 막상 앉으면 쓸 것이 생각나지 않는다는 것이다. 이는 누구나 다 가지고 있는 문제다. 나도 그랬고 많은 예비 작가들이 같은 문제를 겪는다. 실망할 필요가 없다. 내가 이 문제를 해결할 좋은 방법을 소개할 테니 귀를 쫑긋 세우기를 바란다.

그 방법은 바로 매일 프리라이팅을 실천하는 것이다. 프리라이팅free writing이란 말 그대로 문법과 형식에 얽매이지 않고 생각한 바를

쭉 써내려가는 기법이다. 요컨대, 무조건 쓰기 기법이다. 프리라이팅 이라고 해서 거창할 것도 없고, 그렇다고 그 효과를 무시할 것도 못 된다. 대부분의 작가가 프리라이팅을 하기 때문이다.

매일 책상 앞에 앉아 일정 시간 무조건 쓰기 시작하면 놀랍게도 쓸 거리가 마구마구 솟아나는 경험을 할 것이다. 그것이 바로 프리 라이팅의 마법이다. 나는 이를 마중물의 효과라고 부른다. 책을 탄 생시키는 마중물 말이다. 처음에는 쓸 것이 하나도 없지만, 일단 책 상 앞에 앉아 타이핑을 하다 보면 마법처럼 쓸 것이 계속해서 생겨 난다.

책쓰기의 마중물의 효과를 기억하라. 위대한 소설가와 작가들이 쓸 것이 있어서 매일 책상 앞에 앉아 타이핑을 하는 것이 아니다. 무 조건 책상 앞에 앉아 타이핑을 하다 보면 놀랍게도 쓸 거리가 무궁 무진하게 생겨난다. 당신도 꼭 경험해보라.

됐고!
딱 1개월만 집중하라

무엇이든 처음이 어렵다. 처음을 이겨내면 그다음부터는 전문가가 되고 프로가 될 수 있다. 책쓰기도 마찬가지다. 딱 1개월만 집중하면 책쓰기 습관이 형성될 수 있다.

처음부터 너무 잘 쓰려고도, 너무 많은 것을 쓰려고도 하지 말라. 중요한 것은 매일 정해진 시간에 정해진 장소에서 책을 쓰는 습관을 들이는 것이다. 그런 습관을 몇 년 유지하면 반드시 훌륭한 작가가 될 것이다.

실력도 내공도 없는 사람이 노력조차 하지 않는다면 앞날은 뻔하다. 재능만 있고 노력하지 않는다면 머지않아 그 재능은 사라질 것이다. 재능도 실력도 없지만, 매일 꾸준히 하는 사람이 결국 앞서게 된다. 그것이 세상의 법칙이고 이치다. 책쓰기도 첫 일주일, 첫 한 달이 가장 중요하다.

매일 카페에 앉아 노트북을 두드리고 있지만, 도무지 책을 쓸 수 없을 것 같은가? 딱 한 달만 기계적으로 그렇게 해보라. 그다음부터는 달라질 것이다. 그것이 바로 습관의 힘이다. 중요한 것은 지식이 아니라 행동이다.

결심했다면 내일로 미루지 말라. 지금 당장 노트북을 열고 키보드를 두드려라. 내일은 없다. 우리에게는 지금 이 순간, 바로 오늘 뿐이다.

책은 온몸으로,
그리고 삶으로 쓰는 것이다

우스갯소리가 아니라, 책은 노트북으로 쓰는 것이 아니다. 온몸으로, 삶으로 쓰는 것이다. 다른 말로 하면, 책쓰기는 당신의 삶을 온전히 드러내는 것이다. 독자들 앞에 당신의 삶을 다 드러낼 수 있는가? 그럴 준비가 되어있다면 지금 당장 책쓰기에 도전해도 좋다.

자신의 이름과 신분을 숨기고 책을 쓰는 경우도 물론 있다. 이름과 신분을 노출하지 않았지만, 저자 자신의 생각과 철학이 온전히 드러난 책이라면 이 경우 역시 작가가 독자들에게 자신의 삶을 드러낸 것으로 보아야 한다. 이름과 신분보다는 생각과 철학이 진짜 자신에 가깝다고 할 수 있기 때문이다.

저자의 지식과 지혜가 아니라, 삶 자체가 책 속에 녹아들어야 한다. 그런 책만이 독자를 일깨우는 힘이 있다. 그런 책 중 대표적인 것이 공자^{孔子}의 『논어^{論語}』와 안네 프랑크^{Anne Frank}의 『안네의 일기^{The Diary of Anne Frank}』같은 책이다. 우리가 그런 책들을 좋아하고 고전으로 칭송하는 것은 작가의 필력에 있지 않고, 작가의 삶에 있다.

지식과 정보는 인터넷에서 충분히 얻을 수 있다. 작가는 그런 지식과 정보를 책에 옮겨 담는 사람이 아니다. 당신의 이야기는 당신만이 쓸 수 있는 값진 콘텐츠임을 기억하라.

가장 자신 있는 것을
가장 먼저 버려라

20년 넘게 수천 명의 작가 지망생에게 작가 수업을 해온 로버타 진 브라이언트Roberta Jean Bryant는 글쓰기 역량이 한 단계 도약했던 경험담을 이야기하며, 가장 자신 있다고 생각한 것들을 포기한 순간 자신의 글쓰기가 나아졌다고 고백한다.

나는 탐욕스러운 독서 습관 덕분에 최소한 두 가지 능력은 있다고 생각했다. 첫째 독서를 통해 얻은 엄청난 어휘력, 둘째 글쓰기 책을 통해 두서없이 익힌 문장 기교. 그러나 안타깝게도 둘 다 전혀 쓸모가 없었다. 기교에 대해서는 모르는 게 없다는 태도와 막강한 어휘력은 내가 가장 먼저 버려야 할 최대의 장애물이었다. 나는 내가 글을 잘 쓰는 방법을 안다는 생각부터 어렵사리 버렸다. 부적절한 어휘로 가득 찬 헛간을 과시하고 싶은 유혹도 포기했다. 그 후 비로소 글쓰기가 나아지기 시작했고, 글이 생동감을 띠기 시작했다.

– 로버타 진 브라이언트, 『누구나 글을 잘 쓸 수 있다Anybody can write』 중에서

책을 많이 읽은 사람일수록 책쓰기에 자신만만하다. 어휘력과 문장력이 뛰어나고, 세상 모든 지식을 안다고 착각한다. 그런 착각이 책쓰기의 가장 큰 걸림돌이 되는 것을 나는 아주 많이 보아왔다.

책에 작가의 허영과 과시욕이 드러나는 순간 독자는 본능적으로 역겨움을 느낀다. 아무리 그럴싸하게 포장한다 해도 그런 허영과 욕망은 감춰지기는커녕, 오히려 더욱 도드라질 뿐이다.

책을 많이 읽었는가? 그렇다면 글을 잘 쓰는 방법을 알고 있다는 생각부터 버려라. 책을 출간해서 남에게 과시하고 싶은 욕구가 있다면 그것도 버려라. 그런 자만과 과시욕이야말로 책쓰기의 가장 큰 걸림돌이다.

구슬이 서 말이라도 꿰어야 보배다

○○○○○

"정말 끝내주는 콘텐츠가 있어요. 책을 잘 쓸 수 있을 것 같아요!" "책 주제로 엄청나게 좋은 것이 있어요. 그래서 저 혼자 해도 될 것 같아요."

책쓰기를 가르치다 보면, 이런 말을 하는 수강생이 종종 있다. 콘텐츠만 좋으면, 좋은 책을 쓸 수 있을 것이라고 생각하는 것인데, 이 역시 잘못된 편견이다.

책쓰기는 콘텐츠 싸움이 아니다. 책쓰기는 전면전이다. 책쓰기에 성공해서 읽히는 책을 쓰려면 콘텐츠는 기본이고 구상력, 구성력, 기획력, 표현력, 문장력, 흡인력 등이 모두 뛰어나야 한다. 매력적인 글을 끊임없이 써낼 수 있는 끈기도 당연히 필수다. 한두 페이지는 누구나 쓸 수 있지만, 책 한 권 분량을 제대로 써내는 것은 아무나 할 수 있는 일이 아니기 때문이다.

하루는 30대 중반의 한 남자가 책을 쓰겠다며 나를 찾아왔다. 사업을 하다가 신용불량자가 되었는데 부동산 경매를 통해서 3년 만에 50억 원을 벌었다고 자랑했다. 자신에게는 그런 좋은 경험담이 있으니, 이는 좋은 책이 될 좋은 콘텐츠라며 자신만만했다.

나는 그분에게 다음과 같이 조언했다.

"아무리 좋은 콘텐츠라 해도 그것이 좋은 책이 되는 것은 아닙니다. 구슬이 서 말이라도 꿰어야 보배지요. 남들이 경험하지 못한 놀라운 삶을 사신 것은 선생님이 가지고 계신 최고의 콘텐츠이고 매력적인 주제입니다. 그러나 그렇다고 해서 좋은 책이 나오리라는 보장은 없습니다."

아무리 독창적이고 멋진 콘텐츠가 있어도 독자들이 그렇다고 인정해주지 않으면 좋은 책이라 할 수 없다. 책쓰기 기술은 구슬을 잘 꿰는 기술과 같다.

나는 그분에게 "아무리 좋은 재료가 있어도 요리를 해본 적이 없으면 맛있는 요리를 만들 수 없습니다. 책도 마찬가지입니다"라고까지 설명했지만, 그분은 끝내 책쓰기 수업에 참여하지 않았다. 그리고 아직까지 책을 내지 못했다. 생각을 바꾸지 않으면 아마도 쉽게 책을 내지 못할 것이다.

평생 현역으로
활동하는 능력

100세 시대가 되고 노년이 길어지면서 제2의 인생을 계획하는 사람들이 많아졌다. 아무리 통장에 노후자금이 두둑해도 30~40년을 줄곧 놀고먹을 수는 없는 노릇이다. 두둑한 노후자금이라도 있다면 그나마 다행이지만, 대개는 제대로 된 노후대책이 없다. 노후가 불안정한 사람이 대다수다.

아무리 직업에 귀천이 없다지만, 사무직으로 일하던 사람이 노년에 막노동을 하기는 쉽지 않다. 아무리 대학교수를 했고 전문직을 가졌어도 은퇴 후 노년이 되면 다 처지가 비슷해진다.

이런 점에서 책쓰기는 노후를 위한 최고의 직업이다. 책쓰기를 하면 평생 현역으로 활동할 수 있다. 은퇴나 명퇴 걱정 없는 직업이 작가다. 작가는 힘이 떨어지는 노년에 특히 적절한 직업이다. 폭염에도 혹한에도 공공 도서관에서 책을 쓸 수 있다.

게다가 책쓰기만큼 품격 있는 직업도, 독립적인 직업도 없다. 노년이 아니더라도, 휴가 일정 때문에 고민하거나 상사의 허락을 받아야 하는 직장인에게도 작가는 좋은 직업이다. 작가의 삶은 자유롭다. 심지어 휴가 중에도 계속해서 일할 수 있는 멋진 직업이다.

내가 운영하는 책쓰기 학교에는 다양한 직업군들이 수강생으로 찾아온다. 방송인, 아나운서, 대학교수, 대학교 총장, 하버드대학교 출신 경영자, 신문사 편집국장, 출판사 대표, 의사 등등.

그중 12기 수강생이었던 개그맨 고명환 씨가 출판사와 출간계약을 하고 올린 후기가 매우 인상적이었다. 고명환 씨는 책쓰기 강사가 시킨 대로 읽으라면 읽고, 쓰라면 쓰고, 숙제하라면 숙제를 해서 책을 썼고 8주 만에 출판사와 출간계약에 성사되었다고 한다. 그는 다음과 같이 이야기한다.

저자되기는 정말 위대한 수업입니다. 우리는 살면서 일을 할 때 가장 행복합니다. 나이가 들수록 이 생각은 점점 더 강해지네요. 근데 우리는 60세가 넘으면 일하기가 정말 힘든 나라에 살고 있습니다. 100세까지 살아야 하는데 말이에요. 90세가 넘어서도 현역에서 일을 할 수 있는 유일한 직업이 글쓰기입니다. 이건 대학을 졸업하고 대학원에서 박사학위를 딴 사람도 방법을 모르면 할 수 없는 직업이에요.

> – 개그맨 고명환, '김병완 칼리지'에 올린 수강후기 중에서

나는 이 글을 읽고 탁! 무릎을 쳤다. 90세가 넘어도 할 수 있는 책쓰기를 가르치는 일을 하고 있다니! 내 일에 새삼 긍지를 가지게 되었다. 내가 그런 일을 하고 있는 것이 그렇게 뿌듯할 수가 없었다.

책쓰기 기술만 익히면, 평생직장을 가진 것과 다름없다. 60세가 아니라 50세만 넘어도 일자리를 구하기가 힘든 나라가 우리나라다. 50세만 넘으면 눈높이를 낮추어 아파트 경비와 청소 용역도 마다하지 않는다. 이런 나라에서 90세가 넘어도 자존감을 지키며 할 수 있는 일은 책쓰기 외에는 찾아보기가 힘들다.

당신 인생이다!
노력을 아끼지 마라

ꡚꡚꡚ

당신이 하버드대학교에 합격했다면 입학금 수백만 원이 없어서 입학을 포기하진 않을 것이다. 돈을 빌려서라도 기를 쓰고 입학할 것이다. 왜 그럴까? 지금 당장은 힘들지만 졸업한 뒤에는 훨씬 나은 미래가 보장되기 때문이다.

책쓰기도 마찬가지다. 다만, 책쓰기는 하버드대학교나 MBA에 비할 수 없는 적은 투자금으로 높은 수익을 얻을 수 있다. 집값에 몇 억 원 투자는 아끼지 않으면서, 책쓰기에 몇백만 원 투자를 아까워하는 사람들을 종종 본다. 그런 자세라면 어떻게 변화를 꾀하고 성장을 이룰 수 있겠는가? 그런 사람들은 어제보다 나은 내일을 기대하기 어렵다.

강남에 작은 사무실을 빌려 책쓰기 학교를 열려고 준비할 무렵, 50대 평범한 주부가 나를 찾아왔다. 순전히 독자로서 김병완 작가를 만나보고 싶어서 왔다는 것이었다. 반갑고 고마운 마음에 이런 저런 이야기를 나누다가 나는 별안간 그분에게 "아주머니, 책 한 번 써보세요"라고 말했다.

그분은 매우 놀라며 대답했다.

"아니, 작가님. 저 같은 사람이 어떻게 책을 써요? 저는 작가님처럼 책도 많이 안 읽었고 내공도 없어요. 책이 될 만한 변변한 이야기도 없고요. 그저 주부로만 수십 년 살아왔는데 어떻게 책을 내요? 농담이 심하시네요!"

그로부터 1년도 채 안 되어 그분은 작가가 되었고, 지금은 전국 방방곳곳을 누비며 강의를 하고 있다. 책쓰기로 그분 인생이 완전히 바뀐 것이다. 놀랍지 않은가? 그럴 수 있다고 말했던 나 자신도 무척 놀랐다.

하늘을 날 수 있는 독수리가 평생 땅에서 걷기만 한다고 생각해 보라. 그 독수리가 바로 당신 자신이라면 어떻겠는가? 아마 당신은

하늘을 나는 방법을 배우는 데 시간과 노력을 투자하는 것이 결코
아깝지 않을 것이다.

걸작은
아픔과 시련에서 탄생하는 법

⁓ C❍⊃⊙ℓ ⁓

　내가 좋아하는 위인 중 사마천이 있다. 그는 왕의 눈치를 보지도, 소신을 굽히지도 않았다. 홀로 황제인 무제 앞에 나가, 전쟁에서 적에게 투항한 이릉을 변호했다. 그는 이 때문에 무제의 노여움을 사서 교도소에 갇히게 되었다. 수감된 그에겐 세 가지 선택권이 있었다. 법에 따라 사형을 당하는 것, 50만 전을 내고 죽음을 면하는 것, 궁형宮刑을 당하는 것 중에 하나를 선택해야 했다.

　돈이 많지 않았던 사마천의 선택은 사형이냐 궁형이냐 둘 중 하나였다. 궁형이란 생식기를 제거하는 치욕적인 형벌이었다. 하지만 사마천은 아버지 사마담의 유언을 받들기 위해 궁형을 받아들였다. 아버지는 그에게 글을 지어 후세에 남기라는 유언을 남겼던 것이다. 사마천은 자기와 같은 형편에서 책을 쓴 사람들에 대해 다음과 같이 이야기했다.

> 옛날 서백은 유리에 갇혔기에 『주역』을 풀이했고, 공자는 진나라 와 채나라에서 고난을 겪었기에 『춘추』를 지었으며, 굴원은 쫓겨 나는 신세가 되어 『이소』를 지었고, 좌구명은 눈이 멀어 『국어』를 남겼다. 손자는 다리를 잘림으로써 『병법』을 논했고, 한비는 진나 라에 갇혀 『세난』과 『고분』 두 편을 남겼다. (중략) 이들은 모두 마 음속에 맺힌 울분을 발산시킬 수 없어서 지나간 일을 서술함으로 써 앞으로 다가올 일을 생각했다.
>
> – 사마천, 『사기열전 2』 중에서

우리는 누구나 살면서 크고 작은 변화를 겪는다. 그런 가운데 고 난과 시련을 겪지 않는 사람은 없다. 고난과 시련을 승화시키는 최 고의 결과물은 단연 책이다.

그저 빨리 성공해서 돈을 벌겠다는 목표로 책을 쓰는 사람이 많다. 성공을 위해서는 표절과 대필 같은 편법도 불사한다. 책쓰기로 성공하고 돈을 버는 것은 충분히 가능하다. 그러나 성공과 돈은 책쓰기의 자연스러운 결과물이어야 하지 그 자체가 목표가 되어서는 안 된다. 게다가 책쓰기는 가장 정직하고 순결한 행위여야 한다. 어떤 거짓도 침범할 수 없는 성역이어야 한다.

성공과 돈 등 책쓰기의 거품에 현혹되지 말라. 그 책만 잃는 것이 아니라, 자칫 사람도 인생도 잃게 된다.

독자는 작가에 대한 거짓된 평판에 속아서는 안 된다. 작가에 대해서는 책을 통해 독자 자신의 주관을 가지고 판단해야 하지, 남들의 이야기에 휩쓸려서는 안 된다. 『채근담』의 다음 문장을 기억하라.

"남의 악행을 듣더라도 금방 미워하지 마라. 고자질하는 자의 분풀이가 두렵다. 남의 선행을 듣더라도 금방 사귀지 마라. 간사한 사람의 출세를 이끌어줄까 두렵다."

책쓰기 우습게 보지 말라!
만만한 것이 아니다

우리 사회에 책쓰기가 유행하면서, 예비 작가들이 경계해야 할 것들이 점점 많아지고 있다. 책쓰기를 통해 자신도 세상도 살릴 수 있는가 하면, 그 반대도 가능하기 때문이다.

고대 로마시대 철학자 보에티우스Boethius는 『철학의 위안De Consolatione Philosophiae』을, 사마천은 『사기』를 씀으로써 위기에 처한 자신을 살리고 세상도 구했다. 보에티우스는 엘리트 귀족 가문 출신으로 음악 이론가로서 젊을 때부터 명성을 떨쳤으나 억울한 누명을 쓰고 투옥되어 사형선고를 받았다. 그러나 투옥 중에 『철학의 위안』을 집필하면서 분노와 원한에서 벗어날 수 있었다. 뿐만 아니라, 단테와 호서 등 후대의 철학자들에게도 많은 영향을 주었다.

사마천은 앞서도 이야기한 대로 억울한 누명을 쓰고 생식기를 제거하는 형벌을 받게 되었다. 그런 그를 구원해준 것이 바로 중국의 역사를 집필하는 일이었다.

돈과 욕망을 좇는 책쓰기는 자신도 망치고 세상도 망친다. 책쓰기를 출세와 성공의 수단만으로 여겨서는 책도 잃고 세상도 잃는다.

"아침 일찍 햇볕을 받는 곳은 저녁에도 먼저 그늘이 내리고, 일찍 피는 꽃은 일찍 진다"는 다산 정약용 선생의 말씀을 명심하라.

조급함과 욕심은 책쓰기에서 가장 경계해야 할 태도다. 천천히 느리게 성공하려는 마음만 먹는다면 책쓰기가 더는 부담으로 다가오지 않을 것이다. 한 발 더 나아가, 성공하려는 마음을 완전히 내려놓는다면 책쓰기는 즐거운 놀이가 될 수 있을뿐더러, 어느덧 성공 가까이 다가가 있을 것이다.

책쓰기의 목표는 성공이 아니라 성장이어야 한다. 책쓰기의 목표가 성공이나 부귀영화라면 방향 설정을 잘못한 것이다. 방향이 잘못 되었다면 아무리 속도가 빨라도 헛짓하는 것이다.

섣불리 부와 명예를 염두에 두고 책쓰기를 시작하지 말라. 책쓰

기는 그리 만만한 것이 아니다. "되로 주고 말로 받는다"는 것은 책
쓰기의 부정적인 영향에도 해당되는 말임을 기억하라.

책쓰기에서 얕은 수는 통하지 않는다

시중에 많은 책이 유통되고 있지만, 마냥 기뻐할 수 없는 것이 현실이다. 검증도 안 된 책들이 난무하고 있고 공저자로 이름만 올려놓는 경우도 부지기수이기 때문이다. 이런 이기적인 행태는 출판 시장을 어지럽히며 독자들을 책에서 점점 멀어지게 할 뿐이다.

특히 책쓰기 수업을 통해 작가가 되려는 예비작가들에게 해당하는 말인데, 5명 이상의 공저 출판은 하지 말라고 권하고 싶다. 일반적으로 다수의 공저자로 책을 내는 경우, 적은 노력으로 이름만 올리려는 얕은 수일 때가 많기 때문이다. 이는 독자를 기만하는 행위이며, 이런 경우 온전한 작가로 인정받을 수도 없다. 책쓰기의 험난한 여정을 오롯이 저자 혼자서 이겨낼 필요가 있다.

책쓰기는 구상과 구성부터 탈고까지 수많은 과정을 저자 자신이 몸소 체험하며 한 단계씩 밟고 올라가 정상에 오르는 행위다. 책쓰기의 기쁨과 환희 또한 거기에서 찾아야 한다. 이 모든 과정을 생략해 겨우 몇 페이지만 쓰고 저자 이름에 올려놓으려는 얕은 생각은 예비작가들이라면 일찌감치 버리는 것이 상책이다.

이외에도 공저자 출간을 반대하는 이유는 많다. 차마 말로 표현하기 힘든 민망한 내용들이어서 다 밝힐 수는 없지만, 한마디만 하면 너무나 상업적으로 변질되고 있는 세태가 책쓰기에도 고스란히 드러나고 있어서 마음이 아프다.

"누구나 책을 쓸 수 있다"는 것은 틀린 말이 아니다. 그런데 누군가 이 말을 이렇게 변질시켰다. "누구나 책을 쓰면 부와 명예를 얻을 수 있다"라고.

책쓰기는 내면의 성장을 이뤄주는 것은 분명하지만 부자가 되고 성공을 보장해주지는 않음을 기억하라.

'무늬만 작가'는
절대 되지 마라

책이라고 다 같은 책이 아니다. 고전으로 칭송되는 책이 있는가 하면, 냄비받침으로도 쓸 수 없는 고물이 있다. 책쓰기 선생도 유능한 선생이 있고 이름만 선생인 사람이 있다.

『논어』도 10번 읽은 사람과 100번 읽은 사람은 하늘과 땅 차이다. 아무리 어려운 글도 100번 읽으면 저절로 깨닫게 된다는 말讀書百遍義自見은 그저 비유만은 아니다. 정말 100번 읽으면 흐릿한 것이 선명해진다. 깨달음의 깊이와 넓이가 정말 달라진다.

작가라고 다 같은 작가가 아니다. 한때는 작가라고 하면 존경받던 시절이 있었다. 그러나 지금은 작가라고 하면, 옆에서 누군가가 "나도 작가입니다"라고 말하는 시대가 되었다. 널린 것이 작가다. 이른바 작가 대중화의 시대다. 이제는 누구나 작가가 될 수 있고 또 그래야 하는 시대다. 누구나 하는 작가, 하지 않으면 그 사람만 손해다.

한편으로, 무늬만 작가가 많은 것은 이 시대의 병폐다. 작가는 작가인데, 그 작가의 책을 읽었다는 독자가 없다. 그 작가의 책을 읽고 삶이 변화되기는커녕 감동이나 용기를 받았다는 사람조차 없다. 그런 작가를 과연 진정한 작가라 할 수 있을까?

지금은 많은 작가가 읽히지 않는 책을 쓰는 시대다. 과거에는 작가라고 하면, 최소한 작가의 양심은 있었다. 어설프게 준비하고 어설프게 출간하려는 생각을 감히 하지 않았다. 아무리 많은 시간이 걸려도 제대로 된 책을 쓰려고 노력했다.

그러나 지금은 어떤가? 작가가 목표가 아니라, 자기 사업을 홍보하고 마케팅하기 위한 수단으로 책을 낸다. 그러다 보니 준비가 덜 된 책들이 쏟아지고 있다. 책의 품질이 떨어지고 독자들은 책을 외면하고 있다. 나도 예외는 아니었다. 바쁘다는 핑계로 시간과 정성을 쏟지 못했던 책들은 독자들에게 사랑받지 못했다. 당신은 어떤가? 부디 무늬만 작가가 되지 않기를 바란다.

그저 그런 책 말고
좋은 책을 내라

⟨⟨⟨⟨⟨

내 수강생 중에도 베스트셀러 작가가 몇몇 있다. 그중 한 명이 『나는 갭 투자로 300채 집주인이 되었다』의 저자 박정수 씨다. 이 책은 콘텐츠가 정말 좋다. 그러나 콘텐츠만 좋다고 좋은 책이 되는 것은 아니다. 책은 종합예술이기 때문이다. 좋은 콘텐츠를 뽑아낼 뿐만 아니라, 이를 독자에게 제대로 전달하는 기술이 필수적이다. 차례 구성력과 문장 표현력 등 말이다.

박정수 씨는 좋은 콘텐츠만 믿지 않고, 책쓰기 공부를 제대로 했다. 우리 책쓰기 수업에 참여하고 6개월도 안 되어 그분의 책이 나왔는데 그것이 베스트셀러가 되었다. 무엇보다 겸손한 자세가 그분을 베스트셀러 작가로 만들었다고 본다.

박정수 씨는 자신이 부동산 투자로는 전문가이지만, 책쓰기는 아마추어라는 자세로 열심히 책쓰기 수업에 참여했다. 책쓰기 전문가의 말을 겸허히 따랐다. 결국 그분은 수업료의 1,000배, 1만 배 이상의 수익을 냈고, 부동산 전문가이자 베스트셀러 작가로 인생이 완전히 바뀌었다.

『나는 마트 대신 부동산에 간다』의 저자 김유라 씨도 내 수업을 들은 제자다. 이들 외에도 성공한 제자들이 많다.

그들을 보면서 나는 내 신념이 틀리지 않았음을 거듭 확인한다. 책쓰기를 제대로 배우면 작가로서 성공할 수 있다고 말이다.

책쓰기를 결심했다면, 겸허한 자세로 공부하라. 아무리 좋은 콘텐츠가 있고, 놀라운 인생역전을 이뤄낸 경험이 있다 해도 책쓰기는 처음이고 아마추어라는 겸손한 자세를 견지하라. 그런 당신은 책쓰기에서도 성공할 것이다.

책쓰기 코치를 위한
마음의 조언

ᘓ᧐ᘐ᧐

책쓰기가 더는 전업 작가들만의 전유물이 아닌 시대가 되면서 새로운 직업이 등장했는데, 바로 책쓰기 코치가 그렇다. 여기서는 책쓰기 코치를 꿈꾸는 사람들에게 도움이 될 만한 몇 가지 조언을 하고자 한다.

책쓰기 코치를 꿈꾼다면 일단 자신의 저서를 여러 권 출간해보아야 한다. 최소 10권 이상의 저서를 목표로 삼는 것이 좋다. 한두 권, 혹은 서너 권 출간한 것과 10권 이상 출간한 것은 경험치에서 크게 차이가 난다. 내공이 다른 것은 물론이다.

책쓰기에서 경험은 절대 무시할 수 없다. 신입사원이 직장생활의 노하우를 가르친다면 어떻겠는가? 그 가르침을 따를 사람도 없거니와, 있다 해도 직장생활을 하는 데 별 도움이 되지 않는다. 서너 권 출간한 경험으로 책쓰기를 가르친다는 것은 이와 같다.

책을 많이 냈다고 해서 다 좋은 코치는 아니다. 출간한 책들이 어느 정도는 대중에게 읽히고 인정받아야 한다. 책쓰기 코치를 꿈꾼다면 무조건 많은 저서를 출간하는 것이 아니라, 좋은 저서를 많이 출간하는 목표를 가져야 할 이유다.

책쓰기 코치 경험을 쌓는 것도 필요하다. 최소 1년 정도는 수습 코치라는 마인드로 수백 명 정도에게 가르쳐보는 훈련을 쌓기를 바란다. 아는 것과 가르치는 것은 다른 영역이기 때문이다.

이 세 가지가 모두 충족되어야 내공 있는 작가이고 책쓰기 코치를 할 자격이 있다고 생각한다.

중국인들은 한때 책을 만리장성과도 바꾸지 않겠다고 했다. 다분히 허세가 있는 소리지만, 그만큼 책 한 권의 위력은 상상을 초월한다. 내공도 없고, 실력도 없고, 양심을 속이는 뻔뻔한 작가가 책쓰기 코치가 되어서는 안 될 일이다.

한 권을 써도
혼을 담아라

나는 책쓰기 코치로서 이 말은 꼭 해주고 싶다. "어설프게 책을 쓸 거면, 시작도 하지 마라." 어설프게 책을 쓰기 시작하면 평생 책쓰기와 담을 쌓을 수 있다. 책쓰기를 끝까지 제대로 할 자신은 없고 책은 내고 싶고 그래서 대필을 하거나 자비출판 같은 편법을 쓰게 된다. 공저자가 되려고 이 책 저 책에 기웃거리게도 된다.

그렇게 낸 책은 독자들에게 읽히지 않는다. 책의 의미도 기능도 상실한 책이다. 모름지기 읽히는 책을 써야 한다. 책의 기본적인 기능은 전달이고 소통이기 때문이다. 소통이 막힌 책, 아무도 읽지 않는 책은 생명력을 상실한 책이다.

읽히는 책을 쓰려면 제대로 쓰는 것이 중요하다. 책쓰기에 시간과 노력을 투자하라는 이야기다. 앞서도 말했지만, 집필 기간만을 단순 계산해서는 안 된다. 집필에는 고작 1개월만 걸렸어도 독서를 포함해 이를 준비하는 기간은 아주 오래 걸렸을 수 있다.

한 권을 써도 제대로 쓰려면, 제대로 된 코치에게서 제대로 된 훈련을 받아야 한다. 자고로 최고가 되려면 최고에게 배워야 하는 법이다.

그러고 보니 나도 최고에게 배웠다. 좀 더 정확히 말하면, 3년 동안 도서관에 앉아 세계 최고의 고수들을 책으로 만났고, 그들의 사상과 습관과 정신을 배우고 내 삶에 받아들였다. 내게는 세계 위인들의 책들이 지금의 나를 최고의 책쓰기 코치로 만들어준 최고의 스승이다.

"한 권을 써도 혼을 담아라." 이 말은 먼저 나 자신에게 필요한 말이다. 바빴다는 궁색한 변명보다 진솔한 반성으로 내 부끄러움을 가려본다.

비법 1:
문장을 꾸미려고 하지 마라

다른 모든 일이 그렇듯이 책쓰기에도 기술이 필요하다. 좋은 타자가 되고 싶으면 투수가 던진 공을 집중해서 치는 기술, 올바른 타격 기술이 필요하다. 뛰어난 피아니스트가 되려면 악보를 읽고 건반을 두드리는 기술이 필요하다. 글을 쓰는 것도 야구나 피아노 연주처럼 기술이 필요한 일이라고 바버라 베이그^{Barbara Baig}는 『하버드 글쓰기 강의^{How to Be a Writer}』에서 말한다.

지금부터는 책쓰기에 필요한 기술들을 설명하고자 한다. 저자로서 책을 쓰고 또 책쓰기 코치로서 책쓰기를 가르치면서 쌓은 나만의 노하우라는 점에서 '비법'이라는 이름을 붙여보았다.

책쓰기의 기술은 기본적으로 글쓰기의 기술을 바탕으로 한다. 그리고 그 첫 번째 기술은 바로 '문장을 꾸미려고 하지 않는 것'이다.

글을 꾸미지 마라. 글을 꾸미면 복잡해지고 어려워진다. 복잡하고 어려운 글을 좋아하는 독자는 없다. 내가 좋아하는 작가 스티븐 킹Stephen Edwin King은 『유혹하는 글쓰기On Writing』에서 문장을 꾸미는 것은 쓸데없는 짓이며 낱말을 화려하게 치장하려고 하는 태도를 글쓰기의 심각한 잘못 가운데 하나로 지적한다.

쉬운 단어를 쓰면 어쩐지 무식한 것 같아서 굳이 어려운 말을 쓴다. 단순하게 표현하면 저자 자신이 단순한 사람 같아서 굳이 복잡하게 표현한다. 담백한 표현은 어딘가 허전해서 자꾸 치렁치렁 수식어를 단다. 하지만 그런 짓은 애완동물에게 파티복을 입히는 꼴이라고 스티븐 킹은 꼬집는다. 파티복을 입은 애완동물이 부끄러워할지 모르겠지만, 그런 쓸데없는 짓을 한 사람은 더욱 부끄러워해야 한다고 말이다.

복잡하고 어려운 문장을 좋아하는 독자는 없다. 그런 글에는 허영심에 가득한 저자의 민낯만 드러나 씁쓸할 뿐이다. 수식어는 본래의 의미를 강조하기보다 퇴색시키는 경우가 더 많다. 어울리지 않는 수식어는 저자의 저급한 어휘력만 드러낼 뿐이다.

공자는 『논어』 '위령공편衛靈公篇'에서 "말이나 글은 뜻을 전달하면 그만"이라 했다. 사르트르Jean-Paul Sartre도 『구토Nausea』에서 "문장은 꾸밀 필요가 없다. 문학을 경계할 것, 펜 가는 대로 써야 한다"고 했다. 윌리엄 진서는 좋은 글은 독자가 다음 문단으로 계속 나아가도록 붙잡는 힘이 있는데, 그것은 기교가 아니라 명료하고 힘 있는 언어를 사용하는 방식에 있다고 한다(『글쓰기 생각쓰기』 중에서).

조선시대 문장가 연암 박지원은 『공작관문고 자서孔雀館文庫 自序』에서 문이사의文以寫意라고 했다. 글이란 뜻을 나타내면 그만일 뿐이라는 뜻이다.

글의 본질은 의미와 메시지의 전달에 있음을 기억하라. 수식어가 화려한 문장이 근사해 보인다면 그것은 착각이다. 왠지 허전해서 덧붙이는 단어, 있어도 되고 없어도 되는 문구라면 삭제하는 것이 정답이다.

비법 2:
분명하고 정확하게 써라

⟳⟲⟳

내가 5년간 300명 이상에게 책쓰기 강의를 해오면서 가장 강조하는 것이 바로 '분명하고 정확한 문장' 쓰기다.

너무나 당연한 말이지만 글은 분명한 의미로 정확히 써야 한다. 이는 선택이 아니라 필수다. 그러나 당연해 보이는 그것이 잘 지켜지지 않는 것을 보면, 분명하고 정확하게 글을 쓴다는 것은 쉬운 일만은 아닌 것 같다.

윌리엄 진서는 『글쓰기 생각쓰기』에서 독자들로 하여금 한 문단에서 다음 문단으로 계속 나아가도록 하는 힘은 기교가 아니라, 힘 있는 언어를 사용하는 방식에 있다고 한다. 힘 있는 언어를 사용하는 방식이란 다름 아닌 분명하고 정확하게 글을 쓰는 방식을 말한다.

아리스토텔레스^Aristotle^는 『에우데모스 윤리학^Etica Eudemia^』에서 문장의 제1요건은 명료함이라 했다. 비트겐슈타인^Wittgenstein^은 『논리철학논고^Tractatus Logico-Philosophicus^』 '서문'에서 말로 할 수 있는 것은 명료하게 말하고, 말로 할 수 없는 것은 침묵해야 한다고 했다. 노벨문학상 수상작가인 카뮈^Albert Camus^는 글을 분명하게 쓰는 사람에게는 독자가 모이지만 모호하게 글을 쓰는 사람에게는 비평가만 몰려들 뿐이라고 했다.

무의미하게 애매한 태도로 쓰는 말은 한 글자도 없어야 한다. 저자는 모든 단어와 표현을 정확한 의도로 써야 한다. 자기 자신도 무슨 뜻으로 썼는지 잘 모르는 단어는 아예 삭제하는 것이 상책임을 기억하라.

비법 3:
첫 세 문장은 무조건 재미있게 써라

내가 많은 책을 읽으면서 깨달은 한 가지 사실은 첫 세 문장이 재미있는 책은 손에서 내려놓지 않고 계속해서 읽게 되는 경우가 많다는 것이다. 잘 팔리는 책에서도 같은 특징을 발견했다. 나는 예비 작가들에게 그 점을 강조한다.

많은 경우, 첫 세 문장에서 책의 재미와 수준, 작가의 내공이 드러난다. 에릭 시걸의 『러브 스토리』, 카뮈의 『이방인』, 헤밍웨이의 『노인과 바다』 등 이른바 위대한 소설 대부분이 그렇다.

책을 통해 내 글쓰기 스승이라고 생각하는 몇몇 분들 가운데 장 하늘 선생이 있는데, 그분도 『글쓰기 표현사전』에서 첫 세 줄에서 '읽힐 문장' '안 읽힐 문장'이 판가름난다고 한다. 독자들의 성급함을 논하기 전에, 첫 세 줄을 유념해 작성하는 것은 읽힐 문장을 위한 전략상 중요한 작법이다.

비법 4:
간결한 문장이 아름다운 문장이다

책쓰기, 특히 문장쓰기에 정답은 없다. 그렇다고 비결과 원칙마 저 없는 것은 아니다. 현대작가일수록 문장쓰기의 무원칙을 강조하 고, 이전 시대의 작가일수록 원칙을 강조하는 경향이 있지만, 내 경 험상 문장쓰기에도 일정한 원칙은 있다. 우주가 무질서해 보이지만 분명한 질서가 있는 것처럼 말이다. 책은 작은 우주다.

내가 생각하는 가장 중요한 문장쓰기 원칙은 간결하게 쓰는 것 이다. 윌리엄 진서도 비슷한 이야기를 했다. 좋은 글쓰기의 비결은 문장에서 중요한 요소만 남기고 군더더기를 걷어내는 것이라고 말이다. 아무런 역할을 하지 못하는 단어, 짧게도 얼마든지 표현할 수 있는데 공연히 길게 쓴 문구, 대체 누가 무엇을 했는지 알 수 없는 수동태 구문 등을 불순물이라 정의하며 과감히 걷어내라고 한다.

중국 양나라의 유협劉勰은 『문심조룡文心雕龍』에서 "간결한 문장은 아름답다"고 했고, 미국의 언론인 조지프 퓰리처Joseph Pulitzer는 "짧게 써라. 그래야 읽힌다"고 했다. 독일 철학자 쇼펜하우어Arthur Schopenhauer는 『문장론Parerga and Paralipomena』에서 "간결한 문체와 적절한 표현은 훌륭한 글쓰기의 첫걸음이며, 장황하게 단어들만 나열한 글은 사람의 눈을 어지럽히기만 할 뿐"이라고 했다.

그렇다면 군더더기라고 어떻게 판단할까? 무언가를 삭제했을 때 의미가 통한다면 삭제된 그것이 바로 군더더기다.

의미 전달이 가능하다면 짧게 써라. 군더더기를 없애라. 수동태 문장, 주어-서술어가 맞지 않는 문장, 비비 꼬인 문장은 모두 고쳐야 할 나쁜 문장이다.

비법 5:
첫 문장이 모든 것을 결정한다

윌리엄 진서도 『글쓰기 생각쓰기』에서 말한 바 있지만, 어떤 글이든 가장 중요한 것은 첫 문장이다. 첫 문장이 독자를 다음 문장으로 이끌지 못하면 그 글은 죽은 것이다.

아래 두 글을 비교해보자.

책쓰기 학교를 운영해본 적이 있는가? 정말이지 마음고생깨나 하게 된다. 작년에는 온몸과 마음이 녹초가 되기도 했다. 다 때려

치우고 싶을 때도 있었다. 솔직히 그 일 때문에 난 아주 방전이 되었다. 이미 다 아시겠지만 그렇게 혼신을 다해 가르쳤던 학생 중에서도 계약에 실패하는 사례가 없을 수는 없다. 정말 죽을 맛이다. 무엇을 해도 완벽함을 이끌어낼 수는 없다는 것은 말할 필요도 없겠지만 말이다.

어떤가? 장황하고 조잡하다. 진부하고 식상하다. 성기고 길다. 지루하다. 한마디로 최악이다.

그렇다면 다음 글은 어떤가?

나는 작년에 혼신을 다해 책쓰기 학교를 운영했다. 그 힘든 시간과 노력에 대해 이야기해야 하는 것은, 결과보다는 과정이 중요하다는 사실을 깨달았기 때문이다. 비록 모든 수강생이 원하는 성과를 창출하지는 못했지만 말이다.

이 글은 비교적 쉽게 읽힌다. 첫 문장이 둘째 문장을 끌고 가고, 둘째 문장이 셋째 문장을 끌고 간다. 도입부가 그 역할을 충실하게 했다. 지루하고 장황하지 않다. 독자들을 지치게 하지 않는다.

도입부의 중요성은 아무리 강조해도 지나치지 않다. 책에서 가장 쓰기 어려운 부분도 그래서 도입부다. 도입부를 어떻게 풀어내면 좋을까?

윌리엄 진서는 도발적인 생각으로 독자를 사로잡은 다음, 서서히 정보를 늘리면서 독자를 붙들고 다음 문단으로 나아가라고 조언한다(『글쓰기 생각쓰기』에서). 이때 정보는 독서의 여정이 끝날 때까지 독자들을 붙드는 역할을 한다.

도입부는 한 문단일 수도, 여러 문단일 수도 있다. 중요한 것은 독자들이 한 번도 생각해본 적 없는 이야기로 독자들의 이목을 집중시키는 것이다. 질문을 던지는 것도 좋은 방법이다. 다만, 너무 진부한 질문은 오히려 역효과가 나올 수 있다. 어떤 형태든 첫 문장은 반드시 참신해야 하고, 놀라움과 흥미를 줄 수 있어야 한다.

도입부 쓰기 실습

이제부터는 도입부를 어떻게 시작하면 좋을지 좀 더 구체적으로 알아보자. 우선, 첫 문장이 모든 것을 결정한다는 것을 기억하고 독자의 호기심을 자극하는 글로 첫 문장을 쓰라.

호기심을 자극하는 첫 문장을 썼다면, 그다음 문장은 어떻게 이끌어야 할까? 핵심은 독자들이 궁금해하는 지식과 정보를 지속적으로 제공해야 한다는 것이다. 독자들이 지루해할 틈을 주지 않아야 한다. 그러려면 새로운 스토리를 지속적으로 공급해야 한다. 영화나 드라마와 크게 다르지 않다. 전개가 느리고 재미가 없다면 독자들은 곧 책장을 덮을 것이다.

요컨대, 도입부에는 독자들이 빠져들 만한 놀라운 정보를 지속적으로 제공하면서, 완벽한 논리력으로 독자들의 반론을 사전 차단해야 한다. 도입부부터 독자들은 설득되고 세뇌당해야 한다.

다음은 도입부로 참고할 만한 좋은 글이다. 하나하나 살펴보자.

인간은 오랫동안, 지구 구석구석에서 생활하며 후손을 낳고 특정한 문화를 창조했다. 인간은 언제, 어디서나 생존수단을 마련하고 무언가를 비축했다. 문명이 일어나 번성했지만, 대부분 몰락해 사라졌다. 여기서 사라진 이유에 대해서 논의하고 싶지는 않지만, 부분적으로는 자원이 부족했기 때문이라고 말할 수 있을 것이다. 대부분 바로 그곳에 새로운 문명이 나타나는데, 만일 이전에 단지 물질적인 자원만이 부족했던 것이라면, 이는 매우 난해한 일이다. 어떻게 이러한 자원이 원상 복귀될 수 있겠는가?
현재의 경험만이 아니라 모든 역사에 비추어볼 때, 기본적인 자원을 공급하는 것은 자연이 아니라 인간이다. 즉 모든 경제개발의 결정 요인은 인간의 정신에서 나오는 것이다. 대담함, 창의성, 발명, 건설적인 행위는 한 분야가 아니라 수많은 분야에서 그것도 한꺼번에 갑자기 나타난다. 어느 누구도 이러한 활동들이 처음에 어디에서 시작되는지에 대해서는 말할 수 없지만, 우리는 그것을 지속시키면서 좀 더 강화시키는 방법에 대해서는 알 수 있다. 그것은 바로 다양한 종류의 학교, 즉 교육이다. 그러므로 우리는 교육이야말로 진정한 의미에서 가장 중요한 자원이라고 말할 수 있다.

– 슈마허, 『작은 것이 아름답다』 중에서

교육이 가장 중요한 자원이라는 주장을 멋지게 표현한 문장이다. 피동형은 하나도 없다. 리듬도 느껴진다. 문장구성 또한 기승전결의 논리로 잘 풀어나갔다. 문장을 어떻게 구성했는지 하나하나 뜯어서 살펴보자.

- 기: 인간은 오랫동안, 지구 구석구석에서 생활하며 후손을 낳고 특정한 문화를 창조했다. 인간은 언제, 어디서나 생존수단을 마련하고 무언가를 비축했다.

- 승: 문명이 일어나 번성했지만, 대부분 몰락해 사라졌다. 사라진 이유에 대해 논의하고 싶지는 않지만, 부분적으로는 자원이 부족했기 때문일 것이다. 자원이 부족한 곳에 새로운 문명이 나타나는 것이 대부분인데, 만일 이전에 단지 물질적인 자원만이 부족했던 것이라면, 이는 매우 난해한 일이다. 어떻게 그런 자원이 원상 복귀될 수 있겠는가?

- 전: 현재의 경험만이 아니라 모든 역사에 비추어볼 때, 기본적인 자원을 공급하는 것은 자연이 아니라 인간이다. 즉 모든 경제개발의 결정적 요인은 인간의 정신에서 나온다. 대담함, 창의성, 발명, 건설적인 행위는 한 분야가 아니라 수많은 분야에서, 그것도 한꺼번에 갑자기 나타난다.

- 결: 그런 활동들이 처음에 어디에서 시작되는지 아무도 단정할 수 없지만, 그것을 지속시키면서 좀 더 강화시키는 방법에 대해서는 알 수 있다. 그 방법은 바로 다양한 종류의 학교, 즉 교육이다. 따라서 우리는 교육이야말로 진정한 의미에서 가장 중요한 자원이라고 말할 수 있다.

다음의 도입부도 참고할 만한 좋은 사례다. 앞의 설명을 기억하며 찬찬히 읽어보라.

나는 '가장 좋은 정부는 가장 적게 다스리는 정부'라는 표어를 진심으로 받아들이며 그것이 하루빨리 조직적으로 실현되기를 바라 마지않는다. 이 말은 결국 '가장 좋은 정부는 전혀 다스리지 않는 정부'라는 데까지 가게 되는데 나는 이 말 또한 믿는다. 사람들이 준비가 되었을 때 그들이 갖게 될 정부는 바로 그런 종류의 정부일 것이다. 정부는 기껏해야 하나의 편법에 지나지 않는다. 그러나 대부분의 정부가 거의 언제나 불편한 존재이고, 모든 정부가 때로는 불편한 존재이다.

– 헨리 데이비드 소로우, 『시민의 불복종』 중에서

비법 6:
뉴로 라이팅의 대가가 되어라

모든 책쓰기는 결국 심리전이다. 어떻게 독자의 마음을 흔들어 놓을 것이냐 하는 문제다. 문장만으로 그렇게 해야 한다. 그렇기 때문에 많은 이가 책쓰기를 어려워하는 것이다. 그리고 책쓰기는 독자와의 심리전이기 이전에 작가 자신과의 심리전이기도 하다.

작가의 적은 독자가 아니라 바로 자기 자신이다. 자기 내면의 불안 또는 자신없음에 압도당하면 책은 영원히 세상에 나올 수 없게 된다. 문장을 어떻게 쓰느냐는 껍데기에 불과하다. 본질은 작가 자신의 마음과 독자의 마음을 잘 연결하는 데 있다.

이때 필요한 기법이 바로 뉴로 라이팅^{neuro writing}이다. 뉴로 라이팅이란 독자를 작가의 의도대로 생각하게 하고 행동하게 하는 글쓰기 기법을 말한다. 뉴로 라이팅 기법을 실천하려면 독자의 무의식적 행동 양식과 사고방식을 이해할 필요가 있다.

사람들은 매장에 들어갈 때 무의식적으로 우측으로 가는 성향이 있다. 이런 성향을 토대로 매장의 우측 통로에 전략 제품을 배치하는 것이 효과적이다. 또한 알파벳 'K'에 사람들의 뇌 반응이 가장 활발하다는 보고가 있다. 기아자동차는 그런 조사를 바탕으로 'K7'을 개발했고 이는 성공적인 네이밍이라는 평가를 받는다.

책쓰기도 마찬가지다. 독자들이 본능적으로 좋아하는 문장의 패턴을 파악하면 독자들을 효과적으로 사로잡을 수 있다. 독자들은 다음과 같은 문장을 본능적으로 좋아한다.

- 긴 문장보다는 짧은 문장
- 피동형보다는 능동형
- 부정적인 문장보다는 긍정적인 문장
- 복잡하고 애매한 문장보다는 정확하고 심플한 문장
- 일반적인 사실보다는 구체적인 사례

- 너무 빤한 구성보다는 반전이 있는 구성
- 식상한 내용보다는 기발한 내용
- 기존의 소재보다는 새로운 소재
- 고정관념보다는 창의적이고 독창적인 아이디어
- 부자연스럽고 무미건조한 글보다는 자연스러운 글
- 어려운 어휘보다는 이해하기 쉬운 표현
- 비논리적인 글보다는 논리적이고 명쾌한 글

스스로 의식하지 못할지라도 독자들은 이런 글과 책을 좋아한다. 이런 점을 염두에 두고 책을 쓰는 것이 바로 뉴로 라이팅이다. 말하자면 넛지^{nudge}를 접목한 책쓰기다.

뉴로 라이팅이라는 명칭은 내가 만들었지만, 그 기법은 대가들이 이미 사용하고 있었다. 그 대표적인 사람이 바로 조지프 퓰리처다. 현대 저널리즘의 창시자이자 '언론계의 노벨상'이라 불리는 퓰리처상의 주인공 말이다. 그는 독자들이 어떤 글을 선호하는지 잘 간파했다. 그의 다음 이야기가 이를 입증한다.

"무엇을 쓰든 짧게 쓰라. 그러면 읽힐 것이다. 명료하게 쓰라. 그러면 이해될 것이다. 그림같이 쓰라. 그러면 기억 속에 머물 것이다."

비법 7:
쉬운 단어를 사용하라

책쓰기에 대한 일반적인 오해 가운데 맞춤법과 띄어쓰기 등 문법에 맞게 정확히 써야 한다는 오해가 있다. 아주 틀린 말은 아니지만, 100% 맞는 말도 아니다. 작가에게 필요한 자질 중에서 문법보다 중요한 것들이 훨씬 많기 때문이다. 위대한 작가, 베스트셀러 작가들이 모두 문법에 완벽한 사람들은 아니었다.

리더로 성장해가는 사람들일수록 글 잘 쓰는 기술, 책쓰기 기술이 필요하다. 그러나 문법과 글솜씨에 얽매여 책쓰기를 주저한다면 앞으로 성장할 수 없다. 책쓰기에는 문법이나 글솜씨보다 중요한 것들이 훨씬 많다. 그중 하나가 바로 독자들과 눈높이를 맞출 줄 아는 자세다.

독자들과 눈높이를 맞추려면 특히 단어 사용에 유의해야 한다. 어렵고 난해한 단어는 피하고 독자들이 쉽게 이해할 수 있는 단어를 사용하는 것이 중요하다. 내가 책쓰기 수업에서 강조하고 강조하는 것도 바로 이것이다.

한자보다는 순수한 우리말을 사용하라. 말하듯이 문장을 써라. 복합명사 구문을 억지로 만들려고 하지 말고, 편안하게 풀어서 써라. 쓰는 사람이 편안하게 써야 읽는 사람도 편안하게 읽는다.

책쓰기의 대원칙은 '전달'임을 기억하라. 빠르고 정확한 전달을 위해 쉽고 정확한 단어 사용이 필요하다. 어렵고 애매한 단어는 결국 문장을 어렵고 애매하게 만들 뿐이다. 독자들은 그런 문장을 볼 때마다 당장 책장을 덮고 잠이나 자고 싶은 유혹에 빠진다. 책 한 권 읽는 데 그런 유혹이 세 번 이상 밀려오면 더는 참을 수 없어서 그 책을 내던지고 만다. 다시는 그 책도, 그 저자의 책도 거들떠보지 않을 것이라고 다짐하면서 말이다.

비법 8:
형용사, 부사, 접속사를 최대한 생략하라

한 가수 오디션 프로그램에서 심사위원이 참가자에게 이런 평가를 하는 것을 들었다. "제발 겉멋을 빼고 제대로 노래하세요." 내가 들은 것 중에 가장 가혹한 평가였다.

책쓰기도 이와 다르지 않다. 책쓰기 수업을 진행하다 보면 잔뜩 겉멋만 들어있는 글들이 많다. 대부분은 형용사, 부사, 접속사 등 온갖 수식어를 동원한 글들이다. 화려하고 길고 복잡하게 문장을 쓰고 싶은 욕망이 그대로 묻어난다.

그런 글은 책쓰기가 초보인 이들에게서 자주 보인다. 오래도록 책쓰기를 한 작가, 위대한 작가일수록 수식어와 접속사를 가급적 멀리한다. 왜 그럴까?

접속사, 부사, 형용사가 많을수록 문장은 늘어지고 마치 나사가 빠진 것처럼 느슨해진다. 그런 문장을 읽으면 독자들도 맥이 빠지고 지루해진다. 음치의 노래를 끝까지 들어야 하는 입장이 이와 같을까?

최고의 목수는 못 하나 박지 않고 나무만으로 아귀를 맞춰 집 한 채를 짓는다. 다닥다닥 못을 박아 나무를 잇는 목수가 바로 초보 작가들의 모습과 같다. 최고의 작가는 접속사 하나 없이 책 한 권을 쓴다.

수식어와 접속사를 최대한 생략한 책은 조미료를 사용하지 않은 담백한 요리에 비할 수 있다. 시간이 지나고 문장을 곱씹을수록 우러나오는 깊은 맛이 책의 멋을 결정한다는 것을 기억하라. 책쓰기는 절대 다다익선이 아니다. 적당한 것이 좋은 것이다. 수식어와 접속사를 너무 많이 사용하지 않도록 하자.

비법 9:
부정문보다는 긍정문을 활용하라

어떻게 하면 독자들에게 더 효과적으로 저자의 의도를 전달할 수 있을까?

이것은 영원히 풀어야 할 숙제이지만, 한 가지 분명한 것은 부정어나 부정문을 많이 사용하면 의사전달의 효과는 떨어진다는 것이다. 특히 실용서와 자기계발서 작가들은 이 점을 유념해야 한다.

부정문을 자주 사용하면 문장이 꼬이면서 내용 전달이 잘 안 된다. 전달하려는 핵심 메시지가 흐려질 수도 있다. 독자들이 문장을 여러 번 해석해야 하는 번거로움도 있다. 저자가 부정적이고 소극적인 사람이라는 인상을 줘서 책에 대한 신뢰를 떨어뜨릴 수도 있다.

표현은 간결하고 직설적이어야 한다. 괜히 어렵게 돌아갈 필요가 없다. 간혹 강조하기 위해 이중부정을 사용하는 사람들이 있는데, 제대로 강조 효과가 발휘하는지는 의문이다. 오히려 저자의 의도가 무엇인지 헷갈리게 하며, 간접적으로 전달하는 느낌을 주면서 힘이 떨어진 문장이 되기가 쉽다. 게다가 독자들은 스스로 의식하지 않아도 부정적 표현이 많은 글을 싫어하는 경향이 있다.

비법 10:
최고의 기교는 쉽게 쓰는 것이다

ℭℯℐℴ

　책쓰기의 최고의 기교는 쉽게 쓰는 것이다. 쉽게 쓴다는 것은 욕심을 비우고 글을 쓴다는 의미다. 욕심을 비운다는 것은 하나의 문장에 하나의 의미를 담는다는 뜻이다. 일문일의一文一義, 즉 하나의 문장에 하나의 의미만을 담아라.

　쉽게 쓴다는 것은 거침없이 쓴다는 뜻이기도 하다. 왜 그래야 할까? 독자들은 머뭇거리고 우물쭈물하는 글을 싫어하고 거침없는 글에 열광한다. 너무 진지하거나 너무 어려운 글, 모호한 글은 아무리 숨기려 해도 티가 난다. 독자들은 그런 글을 귀신같이 골라낸다.

명문名文은 아름다운 글이 아니라, 읽히는 글임을 기억하라.

비법 11:
싫증나는 문장보다는 배고픈 문장

싫증나는 문장보다 배고픈 문장을 쓰라는 말은 군더더기 없이 뼈대만 쓰라는 것이다. 어떻게 해야 군더더기 없는 문장이 될까?

자신이 하고자 하는 말의 50%를 버린다는 생각으로 써라. 그래야 독자들이 싫증내지 않는다.

책쓰기 수업을 통해 만난 수많은 수강생 중 기억에 남는 몇몇 사람이 있다. 그중 지금은 작가로 왕성하게 활동 중인 김유라 씨의 이야기를 여러분과 나누고자 한다. 김유라 작가는 동대구역 수업에 참여했던 수강생이다. 그분이 우리 '김병완칼리지'에서 특강을 한 적이 있는데 이런 말을 했다.

"제가 책을 쓸 때 김병완 작가님께서 조언해주신 한 가지는 말하고자 하는 내용의 50%를 버리고 글을 쓰라는 것입니다. 처음에는 의아했지만, 작가님이 시키는 대로 했습니다. 그러자 많은 분이 제 책을 읽어주셨습니다."

그렇다. 모든 것을 빠짐없이 이야기하려고 하지 말라. 가능하면 줄이고 생략하라. 약간 부족하고 아쉬운 채로 두고 나머지는 독자가 채우게 하라.

책을 쓴다는 것은
세상 보는 눈을 바꾸는 것이다

∙∙∙

요즘 우리는 물을 사서 마신다. 불과 몇십 년 전만 해도 물을 사서 마시다니 말도 안 되는 소리였다.

세계 최초로 물을 상품화한 브랜드는 바로 프랑스의 에비앙이다. 이 회사는 물을 바라보는 시각을 세상에서 가장 먼저 바꾸었다. 그 결과 전 세계에서 가장 인기 있는 생수 브랜드가 되었다.

책을 쓴다는 것도 비슷해서, 작가는 세상 보는 시각을 다른 누구보다 먼저 바꿀 필요가 있다. 새뮤얼 스마일즈Samuel Smiles는 『자조론Self-Help』을 통해 영국인들에게 자조自助의 힘을 일깨워주었다. 후쿠자와 유키치福澤 諭吉는 『학문을 권함學文のすすめ』을 통해 일본인들에게 공부의 힘을 일깨워주었다. 벤저민 프랭클린Benjamin Franklin은 여러 저서를

통해 미국인들에게 부와 성공에 이르는 힘을 일깨워주었다.

이들이 한 국가의 운명까지도 바꾸어놓을 만큼 위대한 책을 쓸 수 있었던 근본적인 힘은 문장력이나 필력이 아니었다. 그것은 세상을 보는 남다른 눈이었다.

책을 쓴다는 것은 자신을 끊임없이 성장시켜 나가는 작업이다. 그런 과정을 통해 성장했다면, 세상을 남과 다르게 보는 눈을 가지게 된다. 그런 눈을 가졌다면 남들보다 먼저 본 것에 대해 세상에 이야기해주어야 한다. 책을 통해서 말이다. 책과 작가의 진정한 사명은 바로 그것이어야 한다. 그런 의미에서 작가는 이른바 '견자^{見者}'다.

직장생활 10년보다 책쓰기 3년이 더 낫다고 강조하는 이유도 바로 거기에 있다. 책쓰기를 꾸준히 하면 자신의 성장을 경험할 것이다. 무엇보다 사고력이 향상된다. 그것은 말로 할 수 없는 가장 큰 유익이다. 사고력이 향상되면 통찰력도 향상된다.

어제보다 나은 사람이 되고 싶은가? 책쓰기는 이를 위한 가장 효과적이고 쉬운 도구다. 부디 이 책이 제대로 된 책쓰기를 시작하는 모든 이에게 마중물이 되기를 바란다.